会计学专业模拟实验系列教材

总主编 潘煜双

中级财务会计学
模拟实验教程

（第二版）

杨火青 王建萍/编著

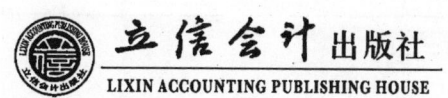
立信会计出版社
LIXIN ACCOUNTING PUBLISHING HOUSE

图书在版编目（CIP）数据

中级财务会计学模拟实验教程/杨火青,王建萍编著.
—2版.—上海：立信会计出版社,2016.8
会计学专业模拟实验系列教材
ISBN 978-7-5429-5172-4

Ⅰ.①中… Ⅱ.①杨… ②王… Ⅲ.①财务会计—教材 Ⅳ.①F234.4

中国版本图书馆 CIP 数据核字(2016)第 176409 号

策划编辑	余 榕	
责任编辑	余 榕	
封面设计	南房间	

中级财务会计学模拟实验教程（第二版）
Zhongji Caiwu Kuaijixue Moni Shiyan Jiaocheng

出版发行	立信会计出版社		
地　　址	上海市中山西路 2230 号	邮政编码	200235
电　　话	(021)64411389	传　真	(021)64411325
网　　址	www.lixinaph.com	电子邮箱	lxaph@sh163.net
网上书店	www.shlx.net	电　话	(021)64411071
经　　销	各地新华书店		
印　　刷	常熟市梅李印刷有限公司		
开　　本	787 毫米×1 092 毫米　1/16	插　页	1
印　　张	13.75		
字　　数	374 千字		
版　　次	2016 年 8 月第 2 版		
印　　次	2018 年 1 月第 2 次		
印　　数	3 101—6 200		
书　　号	ISBN 978-7-5429-5172-4/F		
定　　价	38.00 元		

如有印订差错,请与本社联系调换

总　　序

　　20世纪90年代中后期以来,随着我国社会主义市场经济的快速发展,与之相关联的会计专业人才的市场需求不断扩大,各高校会计学专业招生人数也不断扩大。但是,与之俱来的问题是会计人才的动手能力还不能满足企事业单位的要求。会计学专业是实践性很强的专业,特别是地方高校的会计学专业毕业生就业面向实务,用人单位希望毕业生有比较强的动手能力。然而,现在与过去相比,面临的难题是,过去学生学习由学校通过企业或行业主管部门统一安排,接收毕业生的实习是企业的一项任务,实习单位无论在规模上或层次上都能满足实践教学的需求。但是,现在的毕业生实习都是松散型的,学校也不可能像以前那样将学生统一安排到固定的企业实习。在此背景下,各高校开始自己建立实验室,自编实验教材,安排学生进行会计模拟实验。嘉兴学院的这套"会计学专业模拟实验系列教材"先在校内经过多轮的试用,体系和内容已较成熟,后自2006年开始在立信会计出版社陆续出版。迄今为止,已出版的教材有《初级会计学模拟实验教程》《中级财务会计学模拟实验教程》《成本会计学模拟实验教程》和《会计综合模拟实验教程》4本,《会计信息系统模拟实验教程》和《审计学模拟实验教程》也将于近期出版。至此,这套"会计学专业模拟实验系列教材"的体系更加完整,内容更加全面,涵盖了会计学专业的核心课程。其中,《初级会计学模拟实验教程》荣获"华东地区大学出版社第八届优秀教材学术专著二等奖",有关实践教学课题的研究有3项课题获得学校教学成果一等奖。

　　本套教材总体架构是按照嘉兴学院商学院院长、会计学国家特色专业建设点负责人潘煜双教授提出的"点""线""面"实践教学法的要求设计的。"点"是针对具体课程的具体教学内容开展单项实验,帮助学生理解概念和消化课堂内容,掌握专项技能。"线"是针对某一课程的内容进行系统的综合实验,培养学生独立处理会计业务的能力。"面"是专业的综合训练,具体包括:①专业综合实验,以一个特定企业为例,选择设计1个月的业务,要求学生独立完成一个会计循环的全部会计工作,培养学生的会计政策选择、职业判断等综合业务能力。②ERP实训,全面提高会计管理能力及沟通、协作能力。③专业实习、毕业实习,提高学生的观察能力、适应能力及分析、解决问题的能力。④学年论文、毕业论文的撰写,提高学生理论水平及专业研究能力。⑤学科竞赛,财会信息化竞赛、挑战杯创业设计大赛、大学生研究训练计划(SRT)等,提高学生对知识的融会贯通及应用能力,全面提高学生的综合素质。

近年来,本套教材历经多次重印,说明其深受读者的欢迎,本次的修订和补充广泛吸纳相关用书单位的意见,特别是使用本套教材的专业老师的意见,并结合现行的企业会计准则、制度等对原有内容进行了修改和完善;将原有章节安排的教学内容改为以实验项目设计的教学内容,更进一步突出实践教学的特点和"点、线、面"实验教学法的要求;增设必做实验项目和选做实验项目,以适应不同专业、不同层次的需要。通过本次的修订和补充,旨在使本套教材的特点更加明显。

按照"点、线、面"教学法设计的本套教材的框架科学合理,符合实践认知规律。"点"的实践教学主要是训练学生应用某一点或某一会计基本理论和基本知识的能力,培养某一专项基本技能;"线"的实践教学主要是训练学生综合应用某一课程所涉及的基本理论和基本知识的能力,培养该课程要求达到的综合应用能力和基本技能;"面"的实践教学主要是训练学生对知识的融会贯通,培养学生的会计政策选择、职业判断等综合业务能力,以实现专业培养目标的要求。本套教材实验资料真实,具有高度仿真性。实验所用资料是企业实际发生的经济业务,实验所用的各种账册、发票、票据、结算凭证等与实际工作完全相同。学生按照会计工作岗位进行模拟情境实验就如同在企业进行会计处理,真实感较强。

本套教材还体现了专业实验教学不断线的特点。对于会计学原理、中级财务会计、成本会计、电算化会计、审计等课程均配有一定的实验课时,并在课程实验基础上,设计了系统的实验课程——会计综合实验。

本套教材还配有与实验相关的附录,如《初级会计学模拟实验教程》《中级财务会计学模拟实验教程》和《会计综合模拟实验教程》均配有"实验教学项目卡""实验中学生常见问题的解答""实验评分标准""实验结果验收记录表""实验过程控制记录表""实验报告格式及写作要求"和"实验思考题"等,便于老师指导和学生自学。

本套教材适用于高等院校会计学、财务管理、审计等专业,其他经管类专业也可以根据需要选用本套教材内的相关实验教材。

编　者
2016 年 7 月

第二版前言

自 2007 年 9 月出版以来,《中级财务会计学模拟实验教程》一书在会计学等专业的实践教学中已使用了 9 个年头,印刷了 5 次,累计印量达到 20 000 余册,得到了诸多使用院校师生和实务工作者的认可。

本次改版是在第一版的基础上,随着"营改增"税收制度改革的全面推开、《企业会计准则——基本准则》的修订、《企业会计准则第 2 号——长期股权投资》等 5 项具体会计准则的修订和《企业会计准则第 39 号——公允价值计量》等 3 项具体会计准则的颁布,并充分吸纳热心专家的建议和数年来使用本书的专业教师的教学反馈,对原有内容进行了修改、完善、补充和提高。本次改版在内容上进行了较大的调整,以更好地满足会计学、审计学、财务管理等专业"中级财务会计学""财务会计"等课程实践教学环节的需要。

在内容上,本书按照项目化教学要求将原有章节调整为资产核算实验,收入、费用和利润核算实验,会计报表编制实验 3 个实验项目,每个实验项目按实验内容又分为若干个子项目,每个实验项目涉及不同会计岗位。子项目设计分为必做实验项目和选做实验项目,以适应不同专业、不同层次读者的需要。在经济业务设计上,本书对涉及交通运输、邮政、电信行业、现代服务业、建筑业、房地产业、金融业、生活服务业等经济业务的凭证作了修订。另外,为提高学生的实验效果,本书增加了中级财务会计学模拟实验中常见问题的解答,供学生在实验中作参考;为规范实验教学,加强实验过程控制和实验成绩考核,本书还配备"实验大纲""实验课时分配表""实验教学项目卡""实验评分标准""实验结果验收记录表""实验过程控制记录表""实验报告格式及写作要求""实验思考题"等内容,以更适合各院校师生在教学、实验中使用。

编　者
2016 年 7 月

目 录

实验大纲 ··· 1

实验课时分配表 ·· 5

实验项目 1　资产核算实验 ·· 7
　　实验项目 1-1　金融资产核算实验 ·· 7
　　实验项目 1-2　存货(材料)核算实验 ··· 41
　　实验项目 1-3　固定资产核算实验 ·· 77
实验项目 2　收入、费用和利润核算实验 ·· 101
　　实验项目 2-1　营业收入核算实验 ·· 101
　　实验项目 2-2　利润形成(含费用、负债)核算实验 ······························· 125
实验项目 3　会计报表编制实验 ·· 157
　　实验项目 3-1　企业所得税和利润分配核算实验 ·································· 157
　　实验项目 3-2　资产负债表编制实验 ··· 165
　　实验项目 3-3　利润表编制实验 ··· 167
　　实验项目 3-4　现金流量表编制实验 ··· 169
　　实验项目 3-5　所有者权益变动表编制实验 ·· 173
附录 1　实验教学项目卡 ··· 177
附录 2　实验中学生常见问题的解答 ·· 181
附录 3　实验评分标准 ·· 185
附录 4　实验结果验收记录表 ··· 187
附录 5　实验过程控制记录表 ··· 189
附录 6　实验报告格式及写作要求 ··· 191
附录 7　实验思考题 ··· 199
附录 8　银行汇票流转程序图 ··· 201
附录 9　商业承兑汇票流转程序图 ··· 203
附录 10　银行承兑汇票流转程序图 ··· 205
附录 11　银行本票流转程序图 ·· 207
附录 12　支票流转程序图 ··· 209

实 验 大 纲

一、总则

为了更好地培养学生将中级财务会计学的理论知识应用于实践的能力,培养学生的专业技能,规范实验教学秩序,特制定本实验大纲。

(一)适用范围

(1)相关的课程名称及课程属性:中级财务会计学或财务会计,属专业模块课程。

(2)适用专业:会计学、财务管理、审计学、税务。

(3)实验总学时数:16学时。

(4)学分:0.5学分。

(二)实验目的和要求

通过对本模拟实验教程的学习,学生能结合企业生产经营过程中的具体经济业务,从会计信息质量要求、会计确认、会计计量等方面巩固课堂理论教学的学习成果,检验自己运用中级财务会计学的基本理论和基本业务技术知识及相关的金融、财经法规知识能力,培养自己初步形成会计职业判断力、提高实际业务工作的能力;并能在规定时间内独立完成实验任务,撰写实验报告。

(三)实验课程的重点内容

(1)资产核算实验。它具体包括:货币资金核算、交易性金融资产及应收款项等金融资产核算;原材料采购、入库、领用和期末计量等存货核算;固定资产的购建、折旧计提和固定资产报废等固定资产核算。

(2)收入、费用和利润(含有关负债项目)核算实验。

(3)会计报表编制实验。

(四)所需的实验设备

(1)实验资料学生每人1套。

(2)办公文具每人1套,实习笔记本、实习报告书每人1本。

(3)实习场地(以每个实习生配备1张实验办公桌为宜)。

(五)实验条件

(1)单独的会计实验室。

(2)1套至少可供1个自然班使用的会计手工实验设备和相关实验材料。

二、实验项目及学时安排

(一)实验项目1:资产核算实验

(1)实验类型:综合性实验。

(2) 实验开设属性：必开实验。

(3) 学时数：8学时。

(4) 实验目的：通过本实验项目，使学生进一步熟悉企业有关资产核算的主要业务内容；掌握有关资产核算的主要经济业务的确认、计量和凭证的填制、审核的方法和使用手续；掌握企业有关资产各业务环节的相关会计政策、税法、金融等知识及会计处理技术；掌握有关资产项目核算所需账户的设置、登记和使用方法。

(5) 实验主要内容。

实验项目1-1　金融资产核算实验：货币资金核算、交易性金融资产及应收款项核算。

实验项目1-2　存货(材料)核算实验：原材料采购、入库、领用和期末计量的核算。

实验项目1-3　固定资产核算实验：固定资产的购建、折旧计提和固定资产报废的核算。

(6) 实验要求。教师先就实验资料的基本情况和基本要求进行综合说明，由学生独立完成，由教师结合学生的完成情况进行讲评。对一些比较综合的业务内容，教师也可组织学生进行讨论。通过实验，学生能够熟练地运用相关会计理论知识进行一般会计实务问题的处理，并撰写一份实验报告。

(二) 实验项目2：收入、费用和利润核算实验

(1) 实验类型：综合性实验。

(2) 实验开设属性：必开实验。

(3) 学时数：4学时。

(4) 实验目的：通过本次实验，使学生进一步熟悉企业收入、费用、利润和有关负债核算的主要经济业务内容；掌握企业收入、费用、利润和有关负债的主要经济业务的确认、计量及会计凭证的填制、审核方法；掌握企业收入的实现、费用的支出、利润的形成、增值税、消费税和所得税计缴等各业务环节的相关会计政策、税法及会计处理技术；掌握企业在上述会计业务的核算过程中应用的主要会计账户的设置、登记和使用方法。

(5) 实验主要内容。

实验项目2-1　营业收入核算实验：不同销售方式下营业收入的确认与计量，各种银行结算方式的应用。

实验项目2-2　利润形成核算实验：期间费用、营业成本、营业税金及附加、增值税与消费税核算。

(6) 实验要求。教师先就实验资料的基本情况和基本要求进行综合说明，由学生在规定的时间内独立完成，由教师结合学生的完成情况进行讲评。对一些比较综合的业务内容，教师也可组织学生进行讨论。通过实验，学生能够熟练地运用相关会计理论知识、税务知识进行一般会计实务和税务问题的处理，并撰写一份实验报告。

(三) 实验项目3：会计报表编制实验

(1) 实验类型：综合性实验。

(2) 实验开设属性：必开实验。

(3) 学时数：4学时。

(4) 实验目的：通过本次实验，使学生进一步熟悉会计报表编制的基本工作程序。掌握会计报表编制所需资料及相关信息的选择确认及计量原则。掌握会计报表的基本编制方法。

(5) 实验主要内容。

实验项目3-1　企业所得税和利润分配核算实验：计算利润总额、纳税调整、应纳所得额、净利润、利润分配。

　　实验项目3-2　资产负债表编制实验：根据各科目年初、年末余额计算填列本表各项目金额。

　　实验项目3-3　利润表编制实验：根据损益类账户本期发生额分析填列本表各项目金额。

　　实验项目3-4　现金流量表编制实验：根据有关账簿记录分析填列本表各项目金额。

　　实验项目3-5　所有者权益变动表编制实验：根据所有者权益类账簿记录分析填列本表各项目金额。

　　(6)实验要求。教师先就实验资料的基本情况和基本要求进行综合说明，由学生在规定的时间内独立完成，由教师结合学生的完成情况进行讲评。对一些比较综合的业务内容，教师也可组织学生进行讨论。通过实验，学生能够熟练地运用相关会计理论知识、税务知识进行企业所得税的纳税调整、利润分配和会计报表编制进行一般会计实务和税务问题的处理，并撰写一份实验报告。

实验课时分配表

"中级财务会计学"课程教学一般包括理论教学与实践教学两部分内容,本模拟实验是该课程的一个实践教学环节,属于课程实验。因此,本实验随课堂教学进度安排实验项目,各实验项目实验课时分配如下表所示,各学校可视实验课时作适应调整。

"中级财务会计学"课程实验课时分配表

序号	实验项目名称	实验内容(子目)	实验学时 课内	实验学时 课外	必做/选做	开设地点
1	实验项目1 资产核算实验		7	7		会计实验室或教室
2	实验项目1-1	金融资产核算实验	3	3	必做	会计实验室或教室
3	实验项目1-2	存货(材料)核算实验	2	2	必做	会计实验室或教室
4	实验项目1-3	固定资产核算实验	2	2	选做	会计实验室或教室
5	实验项目2 收入、费用和利润核算实验		4	4		会计实验室或教室
6	实验项目2-1	营业收入核算实验	2	2	选做	会计实验室或教室
7	实验项目2-2	利润形成(含费用、负债)核算实验	2	2	必做	会计实验室或教室
8	实验项目3 会计报表编制实验		5	7		会计实验室或教室
9	实验项目3-1	企业所得税和利润分配核算实验	1	1	必做	会计实验室或教室
10	实验项目3-2	资产负债表编制实验	1	2	必做	会计实验室或教室
11	实验项目3-3	利润表编制实验	1	1	必做	会计实验室或教室
12	实验项目3-4	现金流量表编制实验	1	2	选做	会计实验室或教室
13	实验项目3-5	所有者权益变动表编制实验	1	1	选做	会计实验室或教室
	合计		16	18		

注:①每组人数:可1人一组或3人一组,按会计岗位分工,按不同实验项目轮岗。②课外课时可作为开放实验项目设计。③实验课时多于16课时的,可将课外课时或选做项目作适当调整。

执笔人: 审核人:
参与讨论人员:

年 月 日

实验项目 1 资产核算实验

实验项目 1-1 金融资产核算实验

一、实验目的

通过实验,学生应熟悉货币资金结算与应收款项、交易性金融资产的核算,了解银行结算业务的处理程序,掌握坏账、交易性金融资产公允价值变动的会计处理方法。

二、实验资料

（一）有关账户期初余额

杭州市实验设备厂为一家股份制企业。2015年12月初,其货币资金、交易性金融资产及应收款项各科目的期初余额如下表所示。

科目余额表

2015年12月1日   单位:元

总账科目	二级科目	明细科目	借方余额	贷方余额
库存现金			1 800	
银行存款			386 780	
应收账款		滨江拖拉机厂	129 090	
		华风柴油机厂	2 000	
		江南物资公司	300 000	
		杭州机械公司	225 000	
坏账准备①				13 500
应收票据	商业承兑汇票	杭州机械厂	180 000	
	银行承兑汇票	海丰吉力汽车厂	386 100	
其他应收款		杭州服装厂	165 000	
		刘峰	2 000	
	备用金	总务科	1 000	
其他货币资金		存出投资款	15 000	
交易性金融资产	股票②	成本	68 000	
		公允价值变动		5 000

注:①坏账准备是依据应收账款计提的。②交易性金融资产是该厂持有的中兴股票2 500股。

（二）经济业务及其原始凭证

该厂2015年12月份发生的有关货币资金及应收款项、交易性金融资产的业务核算资料如下：

(1) 1日，销售产品。

浙江增值税专用发票

3300153140　　No 04005009

此联不作报销、扣税凭证使用

开票日期：2015年12月1日

购买方	名　　称：杭州市汽车修理厂 纳税人识别号：370982310042173 地址、电话：杭州市中山路45号 0571-22621418 开户行及账号：市工行中山支行 2403115432	密码区	（略）

货物或应税劳务、服务名称	规格型号	单位	数量	单价	金额	税率	税额
试验台		台	5	22 000.00	110 000.00	17%	18 700.00
合　计					￥110 000.00		￥18 700.00

价税合计（大写）　⊗壹拾贰万捌仟柒佰元整　　（小写）￥128 700.00

销售方	名　　称：杭州市实验设备厂 纳税人识别号：370982380042168 地址、电话：杭州市青河街98号 0571-22603624 开户行及账号：市工行火车站分理处 2403166818	备注	发票专用章 370982380042168

收款人：段云　　复核：王颖　　开票人：张云山　　销售方：（章）

第一联：记账联　销售方记账凭证

浙江增值税专用发票

3300153140　　No 04005009

抵扣联

开票日期：2015年12月1日

购买方	名　　称：杭州市汽车修理厂 纳税人识别号：370982310042173 地址、电话：杭州市中山路45号 0571-22621418 开户行及账号：市工行中山支行 2403115432	密码区	（略）

货物或应税劳务、服务名称	规格型号	单位	数量	单价	金额	税率	税额
试验台		台	5	22 000.00	110 000.00	17%	18 700.00
合　计					￥110 000.00		￥18 700.00

价税合计（大写）　⊗壹拾贰万捌仟柒佰元整　　（小写）￥128 700.00

销售方	名　　称：杭州市实验设备厂 纳税人识别号：370982380042168 地址、电话：杭州市青河街98号 0571-22603624 开户行及账号：市工行火车站分理处 2403166818	备注	发票专用章 370982380042168

收款人：段云　　复核：王颖　　开票人：张云山　　销售方：（章）

第二联：抵扣联　购买方扣税凭证

浙江增值税专用发票

3300153140　　　　　　　　　　　　　　　　　　　No 04005009

发 票 联

开票日期：2015年12月1日

| 购买方 | 名　　称：杭州市汽车修理厂
纳税人识别号：370982310042173
地址、电话：杭州市中山路45号 0571-22621418
开户行及账号：市工行中山支行 2403115432 | 密码区 | （略） |

货物或应税劳务、服务名称	规格型号	单位	数量	单价	金额	税率	税额
试验台		台	5	22 000.00	110 000.00	17%	18 700.00
合　　计					¥110 000.00		¥18 700.00

价税合计（大写）　⊗壹拾贰万捌仟柒佰元整　　　（小写）¥128 700.00

| 销售方 | 名　　称：杭州市实验设备厂
纳税人识别号：370982380042168
地址、电话：杭州市青河街98号 0571-22603624
开户行及账号：市工行火车站分理处 2403166818 | 备注 | 发票专用章
370982380042168 |

收款人：段云　　复核：王颖　　开票人：张云山　　销售方：（章）

国税函〔2015〕253号海南华森实业公司

第三联：发票联　购买方记账凭证

商业承兑汇票　2

10203363
24244769

出票日期　贰零壹伍年壹拾贰月零壹日

付款人	全　称	杭州市汽车修理厂	收款人	全　称	杭州市实验设备厂
	账　号	2403115432		账　号	2403166818
	开户银行	市工行中山支行　行号 2851		开户银行	市工行火车站分理处　行号 2863

| 汇票金额 | 壹拾贰万捌仟柒佰元整 | 千百十万千百十元角分
¥1 2 8 7 0 0 0 0 |

汇票到期日	贰零壹陆年零伍月零壹日	付款人开户行	行号 2851
交易合同号码	18676		地址 杭州市解放路

本汇票已经承兑，到期日无条件支付票款。

杭州市汽车修理厂 财务专用章

承兑人签章

承兑日期　2015年12月1日

此致 本汇票请予以承兑，于到期日付款。

杭州市汽车修理厂 财务专用章

出票人签章

作此联持票人开户行随托收凭证寄付款人开户行 借款凭证附件

(2) 4日，签发支票存出投资款，存入第三方托管存款账户。

中国工商银行转账支票存根

10203321

32112988

附加信息＿＿＿＿＿＿＿＿＿＿＿＿

出票日期 2015 年 12 月 4 日

收款人	杭州市实验设备厂
金　额	￥100 000.00
用　途	买股票

单位主管　　　　　　　　会计

中国农业银行进账单（收账通知）3

2015 年 12 月 4 日

出票人	全　称	杭州市实验设备厂	收款人	全　称	杭州市实验设备厂
	账　号	2043166818		账　号	3200235260
	开户银行	市工行火车站分理处		开户银行	市农行城南支行

金额	人民币（大写）壹拾万元整	千	百	十	万	千	百	十	元	角	分
			￥	1	0	0	0	0	0	0	0

票据种类	支票	票据张数	壹
票据号码		3211298	

中国农业银行
杭州市城南支行
2015.12.4
转讫
收款人开户银行盖章

复核　　　记账

此联是收款人银行给收款人的收账通知

(3) 5日,票据到期,委托银行收款。

中国工商银行
托 收 凭 证（受理回单） 1

委托日期　　年　月　日

业务类型	委托收款（□邮划、□电划）	托收承付（□邮划、□电划）	
付款人	全 称		收款人	全 称	
	账 号			账 号	
	地 址	省 市县 开户行		地 址	省 市县 开户行
金额	人民币（大写）		亿千百十万千百十元角分		
款项内容		托收凭据名称		附寄单证张数	
商品发运情况			合同名称号码		
备注：		款项收妥日期			
审核　记账		年　月　日	收款人开户银行签章　　年　月　日		

此联作收款人开户银行给收款人的受理回单

10×17.5 cm（白纸蓝油墨）

中国工商银行
托 收 凭 证（贷方凭证） 2

委托日期　　年　月　日

业务类型	委托收款（□邮划、□电划）	托收承付（□邮划、□电划）	
付款人	全 称		收款人	全 称	
	账 号			账 号	
	地 址	省 市县 开户行		地 址	省 市县 开户行
金额	人民币（大写）		亿千百十万千百十元角分		
款项内容		托收凭据名称		附寄单证张数	
商品发运情况			合同名称号码		
备注：收款人开户银行收到日期　年　月　日		上列款项随附有关债务证明，请予办理。收款人签章		复核　　记账	

此联收款人开户银行作贷方凭证

10×17.5 cm（白纸红油墨）

中国工商银行 托收凭证（借方凭证） 3

委托日期　　年　月　日

付款期限　　年　月　日

业务类型	委托收款（□邮划、□电划）		托收承付（□邮划、□电划）	
付款人	全称		收款人	全称
	账号			账号
	地址	省　市县　开户行		地址　省　市县　开户行
金额	人民币（大写）		亿千百十万千百十元角分	
款项内容		托收凭据名称	附寄单证张数	
商品发运情况			合同名称号码	
备注：				

付款人开户银行收到日期　　年　月　日　　收款人开户银行签章　　年　月　日　　复核　　记账

此联付款人开户银行作借方凭证

10×17.5 cm（白纸黑油墨）

中国工商银行 托收凭证（汇款依据或收账通知） 4

委托日期　　年　月　日

付款期限　　年　月　日

业务类型	委托收款（□邮划、□电划）		托收承付（□邮划、□电划）	
付款人	全称		收款人	全称
	账号			账号
	地址	省　市县　开户行		地址　省　市县　开户行
金额	人民币（大写）		亿千百十万千百十元角分	
款项内容		托收凭据名称	附寄单证张数	
商品发运情况			合同名称号码	
备注：	上列款项已划回收入你方账户内。			

复核　　记账　　收款人开户银行签章　　年　月　日

此联付款人开户行凭以汇款或收款人开户银行作收账通知

10×17.5 cm（白纸紫油墨）

中国工商银行
托收凭证（付款通知） 5

委托日期　　年　月　日

付款期限　　年　月　日

业务类型	委托收款（□邮划、□电划）		托收承付（□邮划、□电划）		
付款人	全　称		收款人	全　称	
	账　号			账　号	
	地　址	省　市县　开户行		地　址	省　市县　开户行

金额	人民币（大写）		亿 千 百 十 万 千 百 十 元 角 分

款项内容		托收凭据名称		附寄单证张数	

商品发运情况		合同名称号码	

备注：

付款人注意：
1. 根据支付结算办法，上列委托收款（托收承付）款项在付款期限内未提出拒付，即视为同意付款，以此代付款通知。
2. 如需提出全部或部分拒付，应在规定期限内，将拒付理由书并附债务证明退交开户银行。

付款人开户银行收到日期　　年　月　日
复核　　记账
付款人开户银行签章　　年　月　日

此联付款人开户银行给付款人按期付款通知

10×17.5 cm（白纸绿油墨）

银行承兑汇票 2

出票日期（大写）　 贰零壹伍年零陆月零伍日

10203353
00623612

出票人全称	海丰吉力汽车厂	收款人	全　称	杭州市实验设备厂
出票人账号	2902188714		账　号	2403166818
付款行全称	市工行吉力支行		开户银行	市工行火车站分理处
汇票金额	叁拾捌万陆仟壹佰元整			千 百 十 万 千 百 十 元 角 分 ¥ 3 8 6 1 0 0 0 0
汇票到期日	贰零壹伍年壹拾贰月零伍日	付款行	行号	7536
承兑协议编号	00135		地址	中山路562号

本汇票请你行承兑，到期无条件付款。

（财务专用章 海丰吉力汽车厂）

出票人签章

本汇票已经承兑，到期日由本行付款。
承兑行签章
承兑日期 2015年6月5日

（中国工商银行 吉力支行 业务专用章）

复核　　记账

备注：

此联收款人开户行随托收凭证寄付款行作借方凭证附件

(4) 5日,确认坏账。

坏账核销证明

应收华风柴油机厂货款2 000元,逾期3年,因该厂发生财务困难,无力支付,确实无法收回,经批准同意核销。

厂长(签字): 丁志德 2015年12月5日
杭州市中信会计师事务所注册会计师: 江明
2015年12月5日

(5) 5日,购买股票,短期持有。

成交过户交割凭单

12/5/2015   买

股东编号:	A116283968(存)	成交证券:	民纸
电脑编号:	556688	成交数量:	30 000(股)
公司代号:	098	成交价格:	3.00
申请编号:	586	成交金额:	90 000.00
申报时间:	10:10:19	标准佣金:	90.00
成交时间:	10:58:25	过户费用:	1.00
上次余额:	0(股)	印花税:	270.00
本次成交:	30 000(股)	应付金额:	90 366.00
本次余额:	30 000(股)	最终余额:	24 634.00
附加费用:	5.00	实付金额:	90 366.00

客户联

经办单位 金信证券公司   客户签章 杭州市实验设备厂

(6) 10日,向银行申请办理银行汇票。

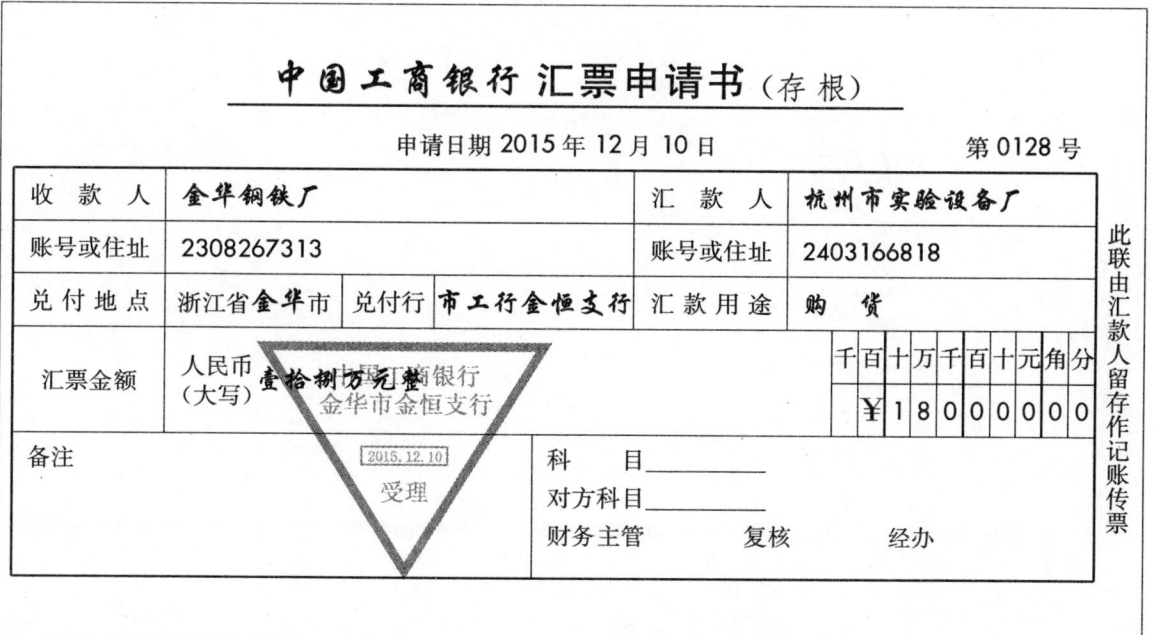

中国工商银行 银行汇票 ②

10203341
00243075

出票日期（大写）：贰零壹伍年壹拾贰月零壹拾日
代理付款行：市工行金恒支行　行号：2378

收款人：金华钢铁厂　　账号：2308267313

出票金额　人民币（大写）：壹拾捌万元整

实际结算金额　人民币（大写）：

亿	千	百	十	万	千	百	十	元	角	分

申请人：杭州实验设备厂

出票行：市工行火车站分理处　行号：2875

备注：

凭票付款　业务专用章

出票行盖章　业务章

密押：

多余金额

千	百	十	万	千	百	十	元	角	分

复核　　记账

提示付款期限自出票之日起壹个月

此联代理付款行付款后作联行往账借方凭证附件

中国工商银行 银行汇票（解讫通知）③

10203341
00243075

出票日期（大写）：贰零壹伍年壹拾贰月零壹拾日
代理付款行：市工行金恒支行　行号：2378

收款人：金华钢铁厂　　账号：2308267313

出票金额　人民币（大写）：壹拾捌万元整

实际结算金额　人民币（大写）：

亿	千	百	十	万	千	百	十	元	角	分

申请人：杭州实验设备厂

出票行：市工行火车站分理处　行号：2875

备注：

代理付款行签章　业务专用章

复核　经办

密押：

多余金额

千	百	十	万	千	百	十	元	角	分

复核　　记账

提示付款期限自出票之日起壹个月

由出票行作多余款贷方凭证

此联代理付款行兑付后随报单寄出票行

中国工商银行
银行汇票（多余款收账通知）

4 10203341 00243075

出票日期（大写）：贰零壹伍年壹拾贰月零壹拾日
代理付款行：市工行金恒工行 行号：2378

收款人：金华钢铁厂 账号：2308267313
出票金额 人民币（大写）：壹拾捌万元整
实际结算金额 人民币（大写）：
亿千百十万千百十元角分

申请人：杭州实验设备厂 账号：
出票行：市工行火车站分理处 行号：2875
备注：
出票行盖章

密押：
多余金额
千百十万千百十元角分
左列退回多余金额已收入你账户内

此联出票行结清多余款后交申请人
提示付款期限自出票之日起壹个月

年　月　日

（7）11日，卖出股票。

成交过户交割凭单

12/11/2015　　　　　　　　　　　　　　　　　　　　　　　卖

股东编号：	A116283968(取)	成交证券：	民纸
电脑编号：	446688	成交数量：	20 000（股）
公司代号：	098	成交价格：	5.80
申请编号：	768	成交金额：	116 000.00
申报时间：	09:35:48	标准佣金：	116.00
成交时间：	10:46:58	过户费用：	1.00
上次余额：	30 000（股）	印花税：	348.00
本次成交：	20 000（股）	应收金额：	115 530.00
本次余额：	10 000（股）	最终余额：	140 164.00
附加费用：	5.00	实收金额：	115 530.00

客户联

经办单位　金信证券公司　　　　　　　　客户签章　杭州市实验设备厂

(8) 12日，按合同约定预付货款。

中国工商银行信汇凭证（回单） 1

委托日期 2015 年 12 月 12 日

汇款人	全称	杭州市实验设备厂		收款人	全称	金华钢铁厂	
	账号	2403166818			账号	2308267313	
	汇出地点	浙江省杭州市县	汇出行名称	市工行火车站分理处	汇入地点	浙江省金华市县	汇入行名称	市工行金恒支行

金额（人民币大写）：壹拾柒万捌仟元整　￥178 000 00

附加信息及用途：预付货款

此联是汇出银行给汇款单位的回单

（中国工商银行 杭州市火车站分理处 2015.12.12 转讫）

(9) 12日，转回投资款，存入基本账户。

中国农业银行
转账支票存根

10303320
00321137

附加信息＿＿＿＿＿＿＿＿

出票日期 2015 年 12 月 12 日

收款人	杭州市实验设备厂
金　额	￥100 000.00
用　途	划转证券资金存款

单位主管　　　　　会计

中国工商银行进账单（收账通知） 3

2015年12月12日

出票人	全称	杭州市实验设备厂	收款人	全称	杭州市实验设备厂
	账号	3200235260		账号	2403166818
	开户银行	市农行城南支行		开户银行	市工行火车站分理处

金额	人民币（大写）	壹拾万元整	亿千百十万千百十元角分 ￥100000000

票据种类	支	票据张数	壹
票据号码		00321137	

中国工商银行
杭州市火车站分理处
2015.12.12
转讫

收款人开户银行盖章

复核　　记账

此联是收款人开户银行给收款人的收款通知

(10) 13日，销售产品代垫运费办理委托收款。

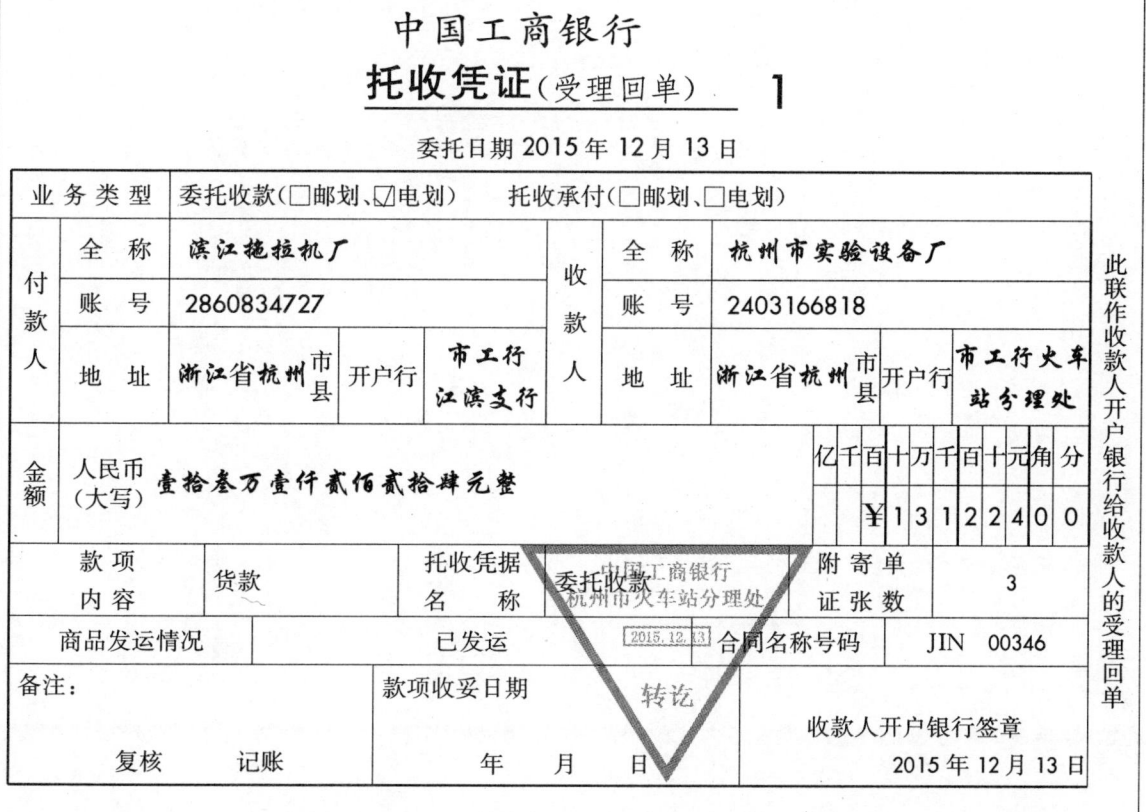

中国工商银行
托收凭证（受理回单） 1

委托日期 2015 年 12 月 13 日

业务类型	委托收款（□邮划、☑电划）		托收承付（□邮划、□电划）		
付款人	全称	滨江拖拉机厂	收款人	全称	杭州市实验设备厂
	账号	2860834727		账号	2403166818
	地址	浙江省杭州市县 开户行 市工行江滨支行		地址	浙江省杭州市县 开户行 市工行火车站分理处

金额	人民币（大写）	壹拾叁万壹仟贰佰贰拾肆元整	亿千百十万千百十元角分 ￥13122400

款项内容	货款	托收凭据名称	委托收款	附寄单证张数	3
商品发运情况		已发运		合同名称号码	JIN 00346
备注：		款项收妥日期　　年　月　日		收款人开户银行签章 2015 年 12 月 13 日	
复核　　记账					

中国工商银行
杭州市火车站分理处
2015.12.13
转讫

中国工商银行
转账支票存根

10203321
32112989

附加信息_____

出票日期 2015 年 12 月 13 日

收款人	杭州市铁路局
金 额	￥418.00
用 途	代垫运杂费

单位主管　　　　　　　　　会计

杭州实验设备厂
垫付费用报账凭证

委托单位：滨江拖拉机厂　　　　2015 年 12 月 13 日

摘　要	费用项目	金额 千	百	拾	元	角	分	备注
代垫运费	铁(公)路运输费		3	0	6	2	0	
	装卸搬运费							
	包装、手续费							
	保险费		1	1	1	8	0	
	其 他							
	合 计	￥	4	1	8	0	0	

合计金额（大写）　肆佰壹拾捌元整

复核人：赵 红　　　经手人：陈立村　　　制单人：江 海

浙江增值税专用发票

3300154140　　　　　　　　　　　　　　　　　　　　　No 04005014

此联不作报销 扣税凭证使用

开票日期：2015 年 12 月 13 日

购买方	名　　　称：滨江拖拉机厂 纳税人识别号：330422100212563 地址、电话：杭州市江滨路 150 号 0571-56640808 开户行及账号：市工行江滨支行 2860834727	密码区	（略）

货物或应税劳务、服务名称	规格型号	单位	数量	单　价	金　额	税率	税　额
试验台		台	5	22 000.00	110 000.00	17%	18 700.00
梭验器		台	1	1 800.00	1 800.00	17%	306.00
合　计					¥111 800.00		¥19 006.00
价税合计（大写）	⊗壹拾叁万零捌佰零陆元整				（小写）¥130 806.00		

销售方	名　　　称：杭州市实验设备厂 纳税人识别号：370982380042168 地址、电话：杭州市青海街 98 号 0571-22603624 开户行及账号：市工行火车站分理处 2403166818	备注	（发票专用章） 杭州市实验设备厂 370982380042168

收款人：段云　　　复核：　　　开票人：　　　销售方：（章）

国税函〔2015〕253 号 海南华森实业公司

第一联：记账联　销售方记账凭证

浙江增值税专用发票

3300154140　　　　　　　　　　　　　　　　　　　　　No 04005014

抵　扣　联

开票日期：2015 年 12 月 13 日

购买方	名　　　称：滨江拖拉机厂 纳税人识别号：330422100212563 地址、电话：杭州市江滨路 150 号 0571-56640808 开户行及账号：市工行江滨支行 2860834727	密码区	（略）

货物或应税劳务、服务名称	规格型号	单位	数量	单　价	金　额	税率	税　额
试验台		台	5	22 000.00	110 000.00	17%	18 700.00
梭验器		台	1	1 800.00	1 800.00	17%	306.00
合　计					¥111 800.00		¥19 006.00
价税合计（大写）	⊗壹拾叁万零捌佰零陆元整				（小写）¥130 806.00		

销售方	名　　　称：杭州市实验设备厂 纳税人识别号：370982380042168 地址、电话：杭州市青海街 98 号 0571-22603624 开户行及账号：市工行火车站分理处 2403166818	备注	（发票专用章） 杭州市实验设备厂 370982380042168

收款人：段云　　　复核：　　　开票人：　　　销售方：（章）

国税函〔2015〕253 号 海南华森实业公司

第二联：抵扣联　购买方扣税凭证

浙江增值税专用发票

3300154140　　　　　发票联　　　　　No 04005014

开票日期：2015年12月13日

购买方
- 名　称：滨江拖拉机厂
- 纳税人识别号：330422100212563
- 地址、电话：杭州市江滨路150号 0571-56640808
- 开户行及账号：市工行江滨支行 2860834727

密码区：（略）

货物或应税劳务、服务名称	规格型号	单位	数量	单价	金额	税率	税额
试验台		台	5	22 000.00	110 000.00	17%	18 700.00
校验器		台	1	1 800.00	1 800.00	17%	306.00
合　计					¥111 800.00		¥19 006.00

价税合计（大写）：⊗壹拾叁万零捌佰零陆元整　　（小写）¥130 806.00

销售方
- 名　称：杭州市实验设备厂
- 纳税人识别号：370982380042168
- 地址、电话：杭州市青海街98号 0571-22603624
- 开户行及账号：市工行火车站分理处 2403166818

收款人：段云　　复核：　　开票人：　　销售方：（章）

国税函〔2015〕253号 海南华森实业公司

第三联：发票联 购买方记账凭证

（11）18日，持商业承兑汇票向银行贴现。

贴现凭证（收账通知） 1

申请日期 2015年12月18日　　　　No 24578

持票人	全　称	杭州市实验设备厂	贴现汇票	种　类	商业承兑汇票	号码	SC02587
	账　号	2403166878		出票日	2015年11月18日		
	开户银行	市工行火车站分理处		到期日	2016年5月18日		

汇票承兑人（或银行）	名称	杭州机械厂	账号	2403169412	开户银行	市工行泰西支行

汇票金额（即贴现金额）	人民币（大写）	壹拾捌万元整		千百十万千百十元角分 ¥1 8 0 0 0 0 0 0

贴现率 每 月	贴现利息	¥4 7 3 9 7 6	实付贴现金额	¥1 7 5 2 6 0 2 4

上述款项已入你单位账户。
　　此致
　　　银行盖章

2015年12月18日

（中国工商银行 杭州市火车站分理处 2015.12.18 转讫）

(12) 18日,收到货款。

中国工商银行托收凭证 (汇款依据或收账通知) 4

委托日期 2015 年 11 月 30 日　付款期限 2015 年 12 月 10 日

业务类型	委托收款(□邮划、☑电划)　托收承付(□邮划、□电划)		
付款人	全称：滨江拖拉机厂　账号：2860834727　地址：浙江省杭州市县　开户行：市工行江滨支行	收款人	全称：杭州市实验设备厂　账号：2403166818　地址：浙江省杭州市县　开户行：市工行火车站分理处
金额	人民币(大写)：壹拾贰万玖仟零玖拾元整		￥129090 00
款项内容	货款	托收凭据名称：托收承付	附寄单证张数：3
商品发运情况		铁路	合同名称号码：DJ00685
备注：	上列款项已划回收入你方账户内。收款人开户银行签章 2015 年 12 月 18 日		
复核　记账			

10×17.5 cm(白纸紫油墨)

(13) 26日,收到存款利息收入。

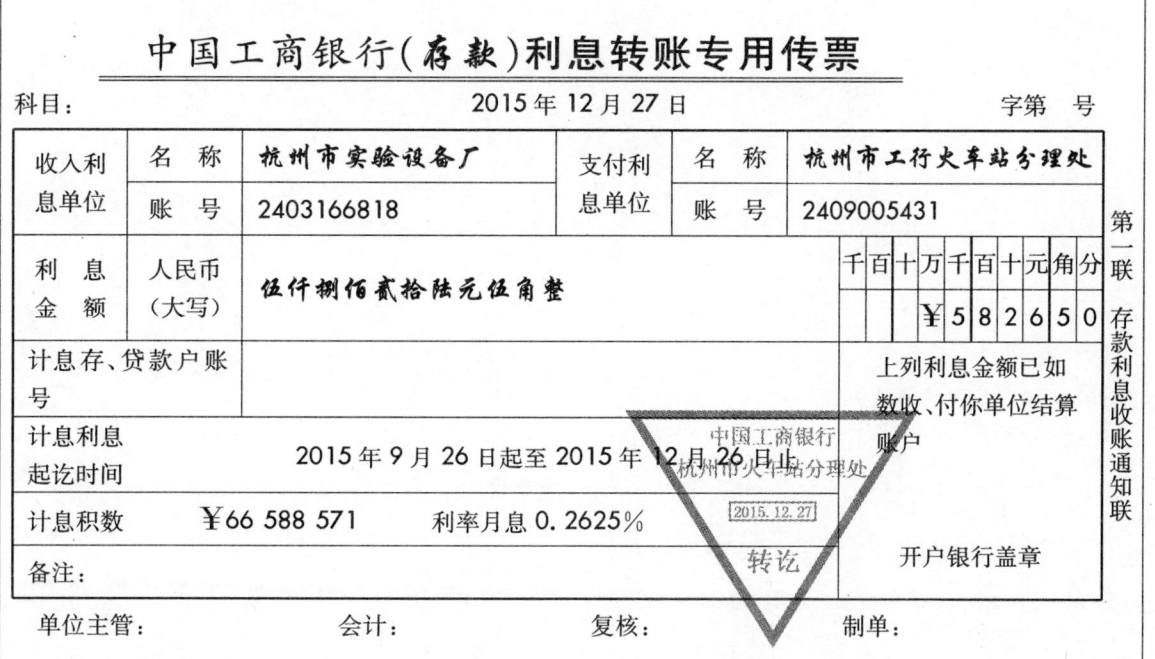

中国工商银行(存款)利息转账专用传票

科目：　　　2015年12月27日　　　字第　号

收入利息单位	名称：杭州市实验设备厂　账号：2403166818	支付利息单位	名称：杭州市工行火车站分理处　账号：2409005431
利息金额	人民币(大写)：伍仟捌佰贰拾陆元伍角整		￥5826 50
计息存、贷款户账号		上列利息金额已如数收、付你单位结算账户	
计息利息起讫时间	2015年9月26日起至2015年12月26日止		
计息积数	￥66 588 571　利率月息 0.2625‰		
备注：		开户银行盖章	
单位主管：　　会计：　　复核：　　制单：			

(14) 31日,年末计提坏账准备。经测试,应收账款坏账准备计提比例为"应收账款"账户年末余额的2‰;其他应收款坏账准备计提比例为"其他应收款"账户年末余额的1‰。

坏账准备计提表

年　　月　　日　　　　　　　　　　　　　　　　　　　　单位:元

项　目	账面余额	计提比例	应提准备数	账面已提数	应补提(或冲减)数
应收账款					
其他应收款					
合　计					

(15) 31日,民纸股票市价为5.50元/股;中兴股票市价为24.10元/股。

交易性金融资产公允价值变动计算表

单位:元

股票名称	调整前账面价值			期末公允价值	公允价值增(+)减(-)变动
	成本	公允价值变动			
		借方	贷方		
合　计					

三、实验程序

1. 根据实验资料(一)开设货币资金、交易性金融资产及应收项目总账、应收项目明细账。
2. 根据实验资料(二)完成有关表格的计算和有关原始凭证的填制,并编制记账凭证。
3. 根据原始凭证、记账凭证登记开设的有关总账、明细账,并进行结账。
4. 对所设置的账簿记录进行账账核对。
5. 说明各项结算业务的办理手续。

四、实验要求

1. 掌握各种银行结算方式。
2. 熟悉票据的使用规则。
3. 熟悉相关的会计政策和税收政策。

实验项目 1-2　存货(材料)核算实验

一、实验目的

通过实验,学生应熟悉存货(材料)收入、发出、结存的计价方法,掌握存货按实际成本计价的核算方法,掌握期末存货计量的一般方法,了解存货核算的基本程序与方法,胜任企业存货会计岗位的核算工作。

二、实验资料

江中电线厂为一家股份制企业,为增值税一般纳税人,2016年6月份库存材料收、发、存的有关资料如下。

(一) 各种原材料的月初结存资料

"原材料"总分类账月初余额为 1 274 650 元。

各种原材料的月初结存资料

2016年6月1日　　　　　　　　　　金额单位:元

品名	数量	单价	金额
电解铜板	20 吨	25 900	518 000
电解铝锭	25 吨	15 800	395 000
氧化铝	30 吨	11 700	351 000
油漆	200 千克	30	6 000
轴承	30 套	135	4 050
三角皮带	80 根	7.5	600

(二) "在途物资"明细账的月初余额

"在途物资"明细账的月初余额

2016年6月1日　　　　　　　　　　金额单位:元

品名	数量	单价	金额
电解铜板	8 吨	20 225	161 800
轴承	40 套	138	5 520

(三) "存货跌价准备"账户月初余额

该账户 2016 年 6 月初余额为零。

(四) 经济业务及其原始凭证

该厂 2016 年 6 月份发生的有关经济业务如下:

(1) 2 日,领料。已将所领用的电解铜板和电解铝锭填入"限额领料单"。

限 额 领 料 单

领料单位：加工车间　　　　　　　　　　　　　　　　　　编　号：
用　　途：生产铜电车线　　　2016年6月　　　　　　发料仓库：1号库

材料类别	材料编号	材料名称及规格	计量单位	全月领用限额	实际领用			备注
					数量	单位成本	金额	
原材料	1101	电解铜板	吨	50				

日期	请领		实发			退回			限额结余
	数量（吨）	领料单位负责人签章	数量（吨）	发料人签章	领料人签章	数量	收料人签章	退料人签单	
6月2日	15	杜忠	15	周兵	李明				
合　计									

生产计划部门负责人：张　强　　　供应部门负责人：方　成　　　仓库负责人：周　兵

限 额 领 料 单

领料单位：加工车间　　　　　　　　　　　　　　　　　　编　号：
用　　途：生产铝合金电车线　　2016年6月　　　　　发料仓库：2号库

材料类别	材料编号	材料名称及规格	计量单位	全月领用限额	实际领用			备注
					数量	单位成本	金额	
原材料	1102	电解铝锭	吨	35				

日期	请领		实发			退回			限额结余
	数量（吨）	领料单位负责人签章	数量（吨）	发料人签章	领料人签章	数量	收料人签章	退料人签单	
6月2日	20	杜忠	20	周兵	李明				
合　计									

生产计划部门负责人：张　强　　　供应部门负责人：方　成　　　仓库负责人：周　兵

(2) 5日,购料,材料验收入库。

浙江增值税专用发票（抵扣联）

3300154140　　No 01357622

开票日期：2016年6月5日

购买方	名　　称：江中电线厂 纳税人识别号：370910003152638 地址、电话：杭州市解放路210号 0571-22966815 开户行及账号：市工行解放路支行 2400213218	密码区	（略）

货物或应税劳务、服务名称	规格型号	单位	数量	单价	金额	税率	税额
运费					2 100.00	11%	231.00
合　计					¥2 100.00		¥231.00

价税合计（大写）：⊗ 贰仟叁佰叁拾壹元整　　（小写）¥2 331.00

销售方	名　　称：金华火车站货物运输有限公司 纳税人识别号：330017308569455 地址、电话：金华市站前路25号 0579-20280231 开户行及账号：市建行文昌支行 2400213218	备注	起运地：金华，到达地：杭州，运输货物：电解铜板

收款人：张玲　　复核：张艳　　开票人：郭木森　　销售方（章）

国税函〔2016〕662号海南华森实业公司

第二联：抵扣联　购买方扣税凭证

浙江增值税专用发票（发票联）

3300154140　　No 01357622

开票日期：2016年6月5日

购买方	名　　称：江中电线厂 纳税人识别号：370910003152638 地址、电话：杭州市解放路210号 0571-22966815 开户行及账号：市工行解放路支行 2400213218	密码区	（略）

货物或应税劳务、服务名称	规格型号	单位	数量	单价	金额	税率	税额
运费					2 100.00	11%	231.00
合　计					¥2 100.00		¥231.00

价税合计（大写）：⊗ 贰仟叁佰叁拾壹元整　　（小写）¥2 331.00

销售方	名　　称：金华火车站货物运输有限公司 纳税人识别号：330017308569455 地址、电话：金华市站前路25号 0579-20280231 开户行及账号：市建行文昌支行 2400213218	备注	起运地：金华，到达地：杭州，运输货物：电解铜板

收款人：张玲　　复核：张艳　　开票人：郭木森　　销售方（章）

国税函〔2016〕662号海南华森实业公司

第三联：发票联　购买方记账凭证

中国工商银行电汇凭证（回单） 1

☑普通　□加急　　委托日期 2016年6月5日　　第002457号

汇款人	全称	江中电线厂	收款人	全称	金华冶炼厂
	账号或地址	2400213218		账号或地址	2606004287
	汇出地点	浙江省杭州市县	汇出行名称	市工行解放路支行	
			汇入地点	浙江省金华市县	汇入行名称 市工行青年路支行

金额（大写）：人民币 叁拾万叁仟零贰拾壹元整　　¥303 021.00

汇款用途：（中国工商银行杭州市解放路支行 2016.6.5 转讫）

附加信息及用途：货款

此联是汇出行给汇款人的回单

收料单

供应单位：金华冶炼厂　　　　　材料科目：原材料　　编号：
发票号码：0054618　　2016年6月5日　　材料类别：　　仓库：1号库

材料编号	名称	规格	计量单位	数量（吨）		实际成本（元）				计划成本（元）	
				应收	实收	买价		运杂费	其他	单位成本	金额
						单价	金额			合计	
1101	电解铜板		吨	10	10	25 700.00	257 000.00	2 100.00		259 100.00	

收料人：王兵　　　　　　　　　　　　　　经手人：任哲

（3）7日，承付货款，材料尚未到达。

托收凭证（付款通知） 5

委托日期 2016 年 6 月 2 日　　付款期限 2016 年 6 月 7 日

业务类型	委托收款（□邮划、☑电划）　托收承付（□邮划、□电划）						
收款人	全称	台州冶炼厂		付款人	全称	江中电线厂	
	账号	282034572			账号	2400213218	
	地址	浙江省台州市县	开户行	市工行火车站分理处	地址	浙江省杭州市县 开户行	市工行解放路支行
金额	人民币（大写）	肆拾陆万肆仟肆佰玖拾元壹角贰分					¥464490.12
款项内容	货款	托收凭据名称	委托收款		附寄单证张数	4	
商品发运情况		铁路		合同名称号码		DJ6305	

备注：付款人开户银行收到日期　年　月　日　复核　记账

付款人注意：
1. 根据支付结算办法，上列委托收款（托收承付）款项在付款期限内未提出拒付，即视为同意付款，以此代付款通知。
2. 如需提出全部或部分拒付，应在规定期限内，将拒付理由书并附债务证明退交开户银行。

中国工商银行 杭州市火车站分理处 2016.6.7
付款人开户银行签章 2016 年 6 月 7 日

10×17.5 cm（白纸绿油墨）

浙江增值税专用发票 抵扣联

3300161140　　　　　　　　　　　　　　　　　　No 06001278

开票日期：2016 年 6 月 2 日

购买方	名称：	江中电线厂	密码区	（略）
	纳税人识别号：	370910003152638		
	地址、电话：	杭州市解放路 210 号 0571-22966815		
	开户行及账号：	市工行解放路支行 2400213218		

货物或应税劳务、服务名称	规格型号	单位	数量	单价	金额	税率	税额
电解铜板		吨	8	25 750.00	206 000.00	17%	35 020.00
电解铝锭		吨	12	15 700.00	188 400.00	17%	32 028.00
合计					¥394 400.00		¥67 048.00

价税合计（大写）　⊗肆拾陆万壹仟肆佰肆拾捌元整　　（小写）¥461 448.00

销售方	名称：	台州冶炼厂	备注	发票专用章 270104010213518
	纳税人识别号：	270104010213518		
	地址、电话：	台州市新建路 89 号 0576-55318279		
	开户行及账号：	市工行火车站分理处 2820345672		

收款人：唐亮　　复核：　　开票人：刘颖　　销售方：（章）

浙江增值税专用发票

3300161140　　　　　　　　　　　　　　　**No 06001278**

发票联

开票日期：2016年6月2日

购买方	名　　称：江中电线厂
	纳税人识别号：370910003152638
	地址、电话：杭州市解放路210号 0571-22966815
	开户行及账号：市工行解放路支行 2400213218

密码区：（略）

货物或应税劳务、服务名称	规格型号	单位	数量	单价	金额	税率	税额
电解铜板		吨	8	25 750.00	206 000.00	17%	35 020.00
电解铝锭		吨	12	15 700.00	188 400.00	17%	32 028.00
合　计					¥394 400.00		¥67 048.00

价税合计（大写）：⊗肆拾陆万壹仟肆佰肆拾捌元整　　（小写）¥461 448.00

销售方	名　　称：台州冶炼厂
	纳税人识别号：270104010213518
	地址、电话：台州市新建路89号 0576-55318279
	开户行及账号：市工行火车站分理处 2820345672

备注：发票专用章 270104010213518

收款人：唐亮　　复核：　　开票人：刘颖　　销售方：（章）

浙江增值税专用发票

3300161140　　　　　　　　　　　　　　　**No 0039765**

抵扣联

开票日期：2016年6月2日

购买方	名　　称：江中电线厂
	纳税人识别号：370910003152638
	地址、电话：杭州市解放路210号 0571-22966815
	开户行及账号：市工行解放路支行 2400213218

密码区：（略）

货物或应税劳务、服务名称	规格型号	单位	数量	单价	金额	税率	税额
运费					2 500.00	11%	275.00
合　计					¥2 500.00		¥275.00

价税合计（大写）：⊗贰仟柒佰柒拾伍元整　　（小写）¥2 775.00

销售方	名　　称：台州火车站货物运输有限公司
	纳税人识别号：331003085691998
	地址、电话：台州市路桥区印丰路2512号 0576-22568001
	开户行及账号：市建行路桥支行 2400213218

备注：起运地：台州 到达地：杭州、运输货物：电解铜板、电解铝锭　发票专用章 331003085691998

收款人：张海　　复核人：王艳　　开票人：杨明　　销售方：（章）

浙江增值税专用发票 发票联

3300161140　　No.0039765

开票日期：2016年6月2日

购买方	名　称：江中电线厂　　纳税人识别号：370910003152638　　地址、电话：杭州市解放路210号 0571-22966815　　开户行及账号：市工行解放路支行 2400213218

密码区（略）

货物或应税劳务、服务名称	规格型号	单位	数量	单价	金额	税率	税额
运费					2 500.00	11%	275.00
合计					￥2 500.00		￥275.00

价税合计（大写）：⊗贰仟柒佰柒拾伍元整　　（小写）￥2 775.00

销售方	名　称：台州火车站货物运输有限公司　　纳税人识别号：331003085691998　　地址、电话：台州市路桥区印丰路2512号 0576-22568001　　开户行及账号：市建行路桥支行 2400213218

备注：起运地：台州　到达地：杭州　运输货物：电解铜板、电解铝锭

收款人：张海　　复核人：王艳　　开票人：杨明　　销售方：（章）

浙江增值税专用发票 抵扣联

3300161140　　No.00556032

开票日期：2016年6月2日

购买方	名　称：江中电线厂　　纳税人识别号：330910003152638　　地址、电话：杭州市解放路210号 0571-22966815　　开户行及账号：市工行解放路支行 2400213218

密码区（略）

货物或应税劳务、服务名称	规格型号	单位	数量	单价	金额	税率	税额
保险费					252.00	6%	15.12
合计					￥252.00		￥15.12

价税合计（大写）：⊗贰佰陆拾柒元壹角贰分　　（小写）￥267.12

销售方	名　称：中国人民财产保险股份有限公司台州分公司　　纳税人识别号：330082666998111　　地址、电话：台州市中山路105号 0576-22013888　　开户行及账号：工行中山支行 1100004256

备注：投保人：台州冶炼厂　被保险人：江中电线厂　投保标的：电解铜板、电解铝锭

收款人：周琳　　复核人：王艳　　开票人：颜红　　销售方：（章）

浙江增值税专用发票

3300161140　　　　　　　　　　　　　　　　　　　　　No 00556032

发票联

开票日期：2016年6月2日

购买方		
名　称：	江中电线厂	
纳税人识别号：	330091000315 2638	
地址、电话：	杭州市解放路210号 0571-22966815	
开户行及账号：	市工行解放路支行 2400213218	

密码区：（略）

货物或应税劳务、服务名称	规格型号	单位	数量	单价	金额	税率	税额
保险费					252.00	6%	15.12
合计					￥252.00		￥15.12

价税合计（大写）：⊗ 贰佰陆拾柒元壹角贰分　　　（小写）￥267.12

销售方		
名　称：	中国人民财产保险股份有限公司台州分公司	
纳税人识别号：	330082666998111	
地址、电话：	台州市中山路105号 0576-22013888	
开户行及账号：	工行中山支行 1100004256	

备注：投保人：台州冶炼厂　被保险人：江中电线厂　投保标的：电解铜板、电解铝锭

收款人：周琳　　复核：王艳　　开票人：颜红　　销售方（章）

（4）8日，领料。

领　料　单

领料单位：加工车间　　　　　　　　　　　　　　　　编号：
用　　途：修理设备用　　　2016年6月8日　　　仓库：4号库

材料编号	材料名称及规格	计量单位	数量 请领	数量 实领	单价	金额	备注
1401	轴承	套	20	20			
1402	三角皮带	根	30	30			

领料单位负责人：杜忠　　领料人：李明　　发料人：赵宏　　制单：刘东

(5) 10日,加工车间领用电解铜板5吨,电解铝锭3吨,填写该月限额领料单。

(6) 12日,收到联营单位投资转入材料。

投资协议书(摘要)

投 资 人:浙西冶炼厂
被投资单位:江中电线厂

……

第四,浙西冶炼厂以存货向江中电线厂投资,其中:电解铜板20吨,单价为25 800元,价款为516 000元,税金为87 720元;电解铝锭13吨,单价为15 600元,价款为202 800元,税金为34 476元。

第五,浙西冶炼厂应于2016年6月30日前向江中电线厂投资,出资后占江中电线厂5%的股权。

浙江增值税专用发票

3300161140　　　　　　　　　　　　　　　　　№00102003

发 票 联

开票日期：2016 年 6 月 12 日

购买方	名　　称：江中电线厂
	纳税人识别号：370910003152638
	地址、电话：杭州市解放路 210 号 0571-22966815
	开户行及账号：市工行解放路支行 2400213218

密码区：（略）

货物或应税劳务、服务名称	规格型号	单位	数量	单价	金　额	税率	税　额
电解铜板		吨	20	25 800.00	516 000.00	17%	87 720.00
电解铝锭		吨	13	15 600.00	202 800.00	17%	34 476.00
合　计					¥718 800.00		¥122 196.00

价税合计（大写）　⊗捌拾肆万零玖佰玖拾陆元整　　（小写）¥840 996.00

销售方	名　　称：浙西冶炼厂
	纳税人识别号：370204033515888
	地址、电话：金华市和涛路 10 号 0579-38716168
	开户行及账号：市工行城南支行 23004311133

备注：发票专用章 370204033515888

收款人：李明　　复核：　　开票人：杨林林　　销售方：（章）

收　料　单

供应单位：浙西冶炼厂　　　　　　　　　　材料科目：原材料　编号：
发票号码：0102003　　　2016 年 6 月 12 日　材料类别：原材料　仓库：4 号库

材料编号	名称	规格	计量单位	数量		实际成本（元）					计划成本（元）	
				应收	实收	买价		运杂费	其他	合计	单位成本	金额
						单价	金额					
	电解铜板		吨	20	20	25 800.00	516 000.00					
	电解铝锭		吨	13	13	15 600.00	202 800.00					

收料人：董梅　　　　　　　　　　　　　　经手人：孟国

（7）16 日，加工车间领用电解铜板 10 吨，电解铝锭 10 吨，填写该月限额领料单。
（8）16 日，月初在途材料验收入库。

收 料 单

供应单位：浙西冶炼厂　　　　　　　　　　　　　材料科目：原材料　　编号：
发票号码：0102003　　　　2016年6月16日　　　材料类别：原材料　　仓库：1号库

材料编号	名称	规格	计量单位	数量 应收	数量 实收	实际成本（元） 买价 单价	实际成本（元） 买价 金额	实际成本（元） 运杂费	实际成本（元） 其他	实际成本（元） 合计	计划成本（元） 单位成本	计划成本（元） 金额
1101	电解铜板		吨	8	8	20 125.00	161 000.00	800.00		161 800.00		
1201	轴承		套	40	40	130.00	5 200.00	320.00		5 520.00		

收料人：董梅　　　　　　　　　　　　　　　　　　　　　　　　　经手人：孟国

（9）20日，购料。

浙江增值税专用发票

3300161140　　　　　　　　　　　　　　　　　　　No.00062435

发票联

开票日期：2016年6月20日

购买方	名　　称：江中电线厂 纳税人识别号：370910003152638 地址、电话：杭州市解放路210号 0571-22966815 开户行及账号：市工行解放路支行 2400213218	密码区	（略）

货物或应税劳务、服务名称	规格型号	单位	数量	单价	金额	税率	税额
轴承		套	10	140.00	1 400.00	17%	238.00
合　　计					¥1 400.00		¥238.00
价税合计（大写）	⊗壹仟陆佰叁拾捌元整				（小写）¥1 638.00		

销售方	名　　称：加友工具厂 纳税人识别号：370100024032457 地址、电话：杭州市中东河路16号 0571-69911928 开户行及账号：市建行中东河路支行 2100102126	备注	发票专用章 370100024032457

收款人：马观　　复核：董玲　　开票人：　　销售方：（章）

国税函〔2016〕662号 海南华某实业公司

第三联：发票联 购买方记账凭证

中国工商银行
转账支票存根

10203321
32272990

附加信息＿＿＿＿＿＿＿＿＿＿

出票日期 2016年6月20日

收款人	加友工具厂
金　额	¥1 638.00
用　途	购料

单位主管　王　平　　　　会计　刘　新

收 料 单

供应单位：加友工具厂
发票号码：0234756
2016年6月20日
材料科目：原材料　编号：
材料类别：　　仓库：4号库

材料编号	名称	规格	计量单位	数量 应收	数量 实收	实际成本(元) 买价 单价	实际成本(元) 买价 金额	运杂费	其他	合计	计划成本(元) 单位成本	计划成本(元) 金额
1201	轴承		套	10	10	140.00	1 400.00			1 400.00		

收料人：董 梅　　　　　　　　　　　　　　　　　经手人：赵 来

(10) 23日，6月7日付款的材料验收入库。

材料损耗报告单

2016年6月20日　　　　　　　　　　　　单位：元

供应单位	材料名称及规格	计量单位	损耗数量	单价	价款	税额	价税合计	损耗原因	处理意见
台州冶炼厂	电解铜板	吨	0.5	25 750.00	12 875.00	2 188.75	15 063.75	运输部门丢失	由台州站赔偿
合计									

审批：　　　　　检验：　　　　保管：王 真　　　　制单：李 玉

赔 偿 请 求 单

2016年6月23日　　　　　　　　　　　　　　　　　　　单位：元

货物名称		发运单位	台州冶炼厂	票据号码	003752	发运数量	8吨
价款（元）		15 063.75		运杂费		到达实收	7.5吨
损失品种		电解铜板		损失数量	0.5吨	要求赔偿金额（元）	15 063.75
损失原因		该货物在台州站丢失，系台州站责任，请求赔偿价税计15 063.75元					

请求赔偿单位：　　　　　　赔偿单位：

材料运杂费分配表

2016年6月23日

材料名称	分配标准（重量：吨）	分配率（元/吨）	分配额（元）	备 注
电解铜板	8		1 100.80	
电解铝锭	12		1 651.20	
合　　计	20	137.60	2 752.00	含保险费

收 料 单

供应单位：台州冶炼厂　　　　　　　　　　　　　　材料科目：原材料　　编号：
发票号码：6001278　　　2016年6月23日　　　材料类别：　　仓库：1号库

| 材料编号 | 名称 | 规格 | 计量单位 | 数量 | | 实际成本（元） | | | | 计划成本（元） | |
| | | | | 应收 | 实收 | 买 价 | | 运杂费 | 其他 | 合　计 | 单位成本 | 金额 |
						单价	金额					
1101	电解铜板		吨	8	7.5	25 750.00	193 125.00	1 100.80		194 225.80		

收料人：王兵　　　　　　　　　　　　　　　　　　　　　　经手人：李玉

收 料 单

供应单位：台州冶炼厂
发票号码：6001278
2016年6月23日
材料科目：原材料　编号：
材料类别：　仓库：2号库

材料编号	名称	规格	计量单位	数量 应收	数量 实收	实际成本(元) 买价 单价	实际成本(元) 买价 金额	实际成本(元) 运杂费	实际成本(元) 其他	实际成本(元) 合计	计划成本(元) 单位成本	计划成本(元) 金额
1102	电解铝锭		吨	12	12	15 700.00	188 400.00	1 651.20		190 051.20		

收料人：宋 英　　　　　　　　　　　　　　　　　经手人：李 玉

(11) 30日，收到材料，暂估材料款。

收 料 单

供应单位：西南铝厂
发票号码：
2016年6月30日
材料科目：原材料　编号：
材料类别：　仓库：2号库

材料编号	名称	规格	计量单位	数量 应收	数量 实收	实际成本(元) 买价 单价	实际成本(元) 买价 金额	实际成本(元) 运杂费	实际成本(元) 其他	实际成本(元) 合计	计划成本(元) 单位成本	计划成本(元) 金额
1102	电解铝锭		吨		10					(暂估) 155 956.00		

收料人：宋 英　　　　　　　　　　　　　　　　　经手人：任 哲

(12) 30 日,对库存材料进行实地盘点,清查结果见表。

账存实存对比表

单位名称：　　　　　　　　　　　年　月　日

类别名称	计量单位	单价	实存		账存		对比结果				备注
							盘盈		盘亏		
			数量	金额	数量	金额	数量	金额	数量	金额	
电解铜板	吨	35									
电解铝锭	吨	27									
氧化铝	吨	30									
油漆	千克	180									
轴承	套	55									
三角皮带	根	52									

(13) 30 日,编制发料凭证汇总表,据以结转发出材料实际成本。

发料凭证汇总表

年　月份

应贷科目	金额＼应借科目						合计
原材料	原料及主要材料						
	辅助材料						
	修理用备件						
	燃料						
	合　计						
周转材料							
总　　计							

(14) 30 日,期末对存货逐项检查,编制存货跌价准备计提表,据以计提减值准备。

存货跌价准备计提表

2016 年 6 月 30 日　　　　　　　　　　　　　　　　　　　　单位:元

材料名称	数量	实际成本	可变现净值	预计跌价	备注
电解铜板			900 000		
电解铝锭			426 060		
氧化铝			298 000		
油漆			5 500		
轴承			7 030		
三角皮带			300		

三、实验程序

1. 根据实验资料(一)、实验资料(二)开设"原材料"总账及所属明细账,登记月初余额。
2. 根据收料业务编制记账凭证,并据以登记"原材料"总账。发出材料时不编制记账凭证。
3. 根据收料单、领料凭证顺序登记"原材料"明细账。领用电解铜板、电解铝锭先填制"限额领料单",然后登记原材料明细账。
4. 月终,根据"原材料"明细账,按全月一次加权平均法计算各种材料平均单位成本和发出材料的实际成本,并进行月结。
5. 对本月的领、发料凭证进行划价,并编制"发料凭证汇总表",据以编制记账凭证,登记"原材料"总账,并进行结账。
6. 将所设"原材料"总账和明细账进行核对。
7. 期末,计提存货跌价准备,填制记账凭证并登记有关账簿。
8. 按计划成本计价对原材料进行核算,完成上述实验操作(有关凭证、账页格式自行设计),设计并编制原材料收发汇总表。补充资料如下:

(1) 各种材料计划单位成本。

各种材料计划单位成本　　　　　　　　　　　　　　　单位:元

材料名称	单位成本
电解铜板	25 500
电解铝锭	15 500
氧化铝	12 000
油漆	28
轴承	140
三角皮带	8

(2) "材料成本差异"明细账月初余额:借方 6 710 元。

四、实验要求

1. 掌握存货的各种计价方法。
2. 掌握存货核算的基本程序。
3. 熟悉投资核算的有关内容。

实验项目 1-3 固定资产核算实验

一、实验目的

通过实验,学生应了解固定资产增加的来源和减少的原因,熟悉折旧的计算方法,掌握固定资产总分类核算的会计处理。

二、实验资料

三江针织有限公司 2016 年 1~2 月发出如下经济任务:

(1) 1 月 10 日,购置不需要安装的设备 1 台,尚未交付使用。

3300151140	浙江增值税专用发票	№ 30144167

发 票 联

开票日期：2016 年 1 月 10 日

购买方	名　　　称：	三江针织有限责任公司	密码区	（略）
	纳税人识别号：	311006435212145		
	地　址、电　话：	宁波市西凌大街 328 号 0574-92164708		
	开户行及账号：	市工行西凌支行 3210000216		

货物或应税劳务、服务名称	规格型号	单位	数量	单　价	金　额	税率	税　额
256 门程控交换器	HJD39	台	1	188 964.10	188 964.10	17%	32 123.90
合　　计					￥188 964.10		￥32 123.90
价税合计（大写）	⊗ 贰拾贰万壹仟零捌拾捌元整				（小写）￥221 088.00		

销售方	名　　　称：	宁波机电公司	备注	（发票专用章）
	纳税人识别号：	311006530451363		
	地　址、电　话：	宁波市城西路 18 号 0574-93215619		
	开户行及账号：	市农行城西支行 4396152678		

收款人：李春江　　复核：唐根荣　　开票人：张林芳　　销售方：（章）

中国工商银行
转账支票存根

10203321
01516153

附加信息＿＿＿＿＿＿＿＿＿＿＿＿

出票日期 2016 年 1 月 10 日

收款人	宁波机电公司
金　额	￥221 088.00
用　途	货款

单位主管　　　　　　会计

(2) 2月8日，购置丰田牌轿车一辆，并交付使用。

机动车销售统一发票

第一联 发票（购货单位付款凭证） （手开无效）

发票代码 13300000620669
发票号码 01128610

开票日期	2016-2-8				
机打代码	13300000620669				
机打号码	01128610				
机器编号					
购货单位（人）	三江针织有限责任公司	身份证号码/组织机构代码	30045618		
车辆类型	轿车	厂牌型号	丰田牌/TOYOTA GTM7200G	产地	中国广州
合格证号	YE80X1000043337	进口证明书号	无	商检单号	无
发动机号码	1AZ C038453	车辆识别代码/车架号码	LVGBB42K86G112456		
价税合计	⊗ 贰拾贰万壹仟捌佰元整			¥221 800.00	
销货单位名称	嘉海市时代汽车销售服务有限责任公司		开户银行	农业银行南区支行	
纳税人识别号	3304116355643611		电话		
			账号	33351000001815003153	
地址	嘉海市升华路999号汽车商贸园品牌区2期C		主管税务机关及代码	嘉海市国家税务局南区税务分局	
增值税征收率	17%	增值税税额	¥32 227.35	吨位	
不含税价	¥189 572.65			限乘人数	5
开票单位盖章：		开票人：朱国光		备注：一车一票	

浙国税印 0669×2007.08×323500份
浙江中瑞印业有限公司承印

浙江增值税专用发票（抵扣联）

3300161140　　　　　　　　　　　　　　　　　　　　No 00256415

开票日期：2016年6月8日

购买方	名　　　称：三江针织有限责任公司 纳税人识别号：311006435212145 地址、电话：宁波市西凌大街328号 0574-92164708 开户行及账号：市工行西凌支行 3210000216	密码区	（略）

货物或应税劳务、服务名称	规格型号	单位	数量	单价	金额	税率	税额
保险费					3 900.00	6%	234.00
合　计					￥3 900.00		￥234.00

价税合计（大写）：⊗肆仟壹佰叁拾肆元整　　　　　　（小写）￥4 134.00

销售方	名　　　称：中国人民财产保险股份有限公司嘉海分公司 纳税人识别号：3300273561193481 地址、电话：宁波市中山路105号 0574-25688988 开户行及账号：市工行中山支行 1100256321	投保人：三江针织有限责任公司 被保险人：三江针织有限责任公司 投保标的：时代汽车

收款人：季林　　复核：唐玉满　　开票人：潘冬　　销售方：（章）

第二联：抵扣联　购买方扣税凭证

国税函〔2016〕662号海南华森实业公司

浙江增值税专用发票（发票联）

3300161140　　　　　　　　　　　　　　　　　　　　No 00256415

开票日期：2016年6月8日

购买方	名　　　称：三江针织有限责任公司 纳税人识别号：311006435212145 地址、电话：宁波市西凌大街328号 0574-92164708 开户行及账号：市工行西凌支行 3210000216	密码区	（略）

货物或应税劳务、服务名称	规格型号	单位	数量	单价	金额	税率	税额
保险费					3 900.00	6%	234.00
合　计					￥3 900.00		￥234.00

价税合计（大写）：⊗肆仟壹佰叁拾肆元整　　　　　　（小写）￥4 134.00

销售方	名　　　称：中国人民财产保险股份有限公司嘉海分公司 纳税人识别号：3300273561193481 地址、电话：宁波市中山路105号 0574-25688988 开户行及账号：市工行中山支行 1100256321	投保人：三江针织有限责任公司 被保险人：三江针织有限责任公司 投保标的：时代汽车

收款人：季林　　复核：唐玉满　　开票人：潘东　　销售方：（章）

中国工商银行
转账支票存根

10203321
01516154

附加信息_____
_____

出票日期 2016 年 2 月 8 日

收款人	时代汽车销售服务有限责任公司
金 额	￥221 800.00
用 途	购车款

单位主管　　　　　会计

中国工商银行
转账支票存根

10203321
01516155

附加信息_____
_____

出票日期 2016 年 2 月 8 日

收款人	中国人民财产保险股份有限公司嘉海分公司
金 额	￥4 134.00
用 途	车辆保险

单位主管　　　　　会计

中国工商银行
转账支票存根

10203321
01516156

附加信息_____
_____

出票日期 2016 年 2 月 8 日

收款人	嘉海市国家税务局
金 额	￥18 957.00
用 途	车辆购置税

单位主管　　　　　会计

车辆购置税缴税凭证

2016 年 2 月 8 日　　　　　浙（2016）0011853357

车　　主	三江针织有限责任公司		
车辆厂牌号码	丰田牌/TOYOTA GTM7200G	国产/进口	国产
车辆计税价格	18 957.00	缴税金额	滞纳金
合计金额（大写）	⊗壹万捌仟玖佰伍拾柒元整		￥18 957.00
发给车辆购置税完税证明号码：		第　　号	
征收单位：嘉海市车购办	收款人：	开票人：徐芳	

固定资产验收交接单

2016年2月8日

资产编号	资产名称	型号规格或结构面积	计量单位	数量	设备价值或工程造价	设备基础及安装费用	附加费用	合 计
	汽车		辆	1	208 529.65			208 529.65

资产来源		耐用年限			主要附属设备	1.
制造厂名	广州丰田	估计残值				2.
制造日期及编号	年No	基本折旧率				3.
工程项目或使用部门		复杂系数	机械 电气			4.

| 交验部门主管 | 刘源 | 点交人 | 刘明 | 接管部门主管 | 贾昭坤 | 接管人 | 刘源 |

本单分送财务部门、交接双方及上级有关资产管理部门

(3) 2月10日,购置热拉机(需安装)1台。

浙江增值税专用发票

3300151140　　　　　　　　　　　　　　　　　№ 00784188

发票联

开票日期：2016年2月10日

购买方	名称：三江针织有限责任公司
	纳税人识别号：311006435212145
	地址、电话：宁波市西凌大街328号 0574-92164708
	开户行及账号：市工行西凌支行 3210000216

密码区：（略）

货物或应税劳务、服务名称	规格型号	单位	数量	单价	金额	税率	税额
热拉机		台	1	395 887.44	395 887.44	17%	67 300.86
合　计					￥395 887.44		￥67 300.86
价税合计（大写）	⊗肆拾陆万叁仟壹佰捌拾捌元叁角整				（小写）￥463 188.30		

销售方	名称：宁波正大机械厂
	纳税人识别号：311006533426315
	地址、电话：宁波市府前街281号 0574-92030067
	开户行及账号：市建行府前街支行 2000130004

收款人：张华　　复核：刘红　　开票人：李兵　　销售方：（章）

（宁波正大机械厂 发票专用章 311006533426315）

中国工商银行信汇凭证（回单）　1

委托日期 2016年2月10日

汇款人	全称	三江针织有限责任公司	收款单位	全称	宁波正大机械厂
	账号	3210000216		账号	2000130004
	汇出地点	浙江省宁波市县		汇入地点	浙江省宁波市县
	汇出行名称	工行西陵支行		汇入行名称	市建行府前街支行

金额	人民币（大写）肆拾陆万叁仟壹佰捌拾捌元叁角整	千百十万千百十元角分
		￥ 4 6 3 1 8 8 3 0

（中国工商银行 宁波市西凌支行 2016.2.10 转讫）　汇出行签章

支付密码：

附加信息及用途：支付货款

复核　　　记账

此联是汇出银行给汇款单位的回单

(4) 2月18日，支付热拉机安装费。

浙江增值税专用发票 抵扣联

3300161140 No 00256415

开票日期：2016年2月18日

购买方	名称：三江针织有限责任公司 纳税人识别号：311006435212145 地址、电话：宁波市西凌大街328号 0574-92164708 开户行及账号：市工行西凌支行 3210000216	密码区	（略）

货物或应税劳务、服务名称	规格型号	单位	数量	单价	金额	税率	税额
设备安装费		台	1	66 839.29	66 839.29	11%	7 352.32
合　计					￥66 839.29		￥7 352.32
价税合计（大写）	⊗柒万肆仟壹佰玖拾壹元陆角壹分				（小写）￥74 191.61		

销售方	名称：宁波市安装有限公司 纳税人识别号：311006543298653 地址、电话：宁波市中山路256号 0574-22389686 开户行及账号：市工行中山支行 1100007896	备注	建筑服务发生地：宁波市西凌大街328号 项目名称：热拉机安装

收款人：方洪元　　复核：朱红　　开票人：彭毅　　销售方：（章）

国税函〔2016〕662号海南华森实业公司

第二联：抵扣联　购买方扣税凭证

浙江增值税专用发票 发票联

3300161140 No 00256415

开票日期：2016年2月18日

购买方	名称：三江针织有限责任公司 纳税人识别号：311006435212145 地址、电话：宁波市西凌大街328号 0574-92164708 开户行及账号：市工行西凌支行 3210000216	密码区	（略）

货物或应税劳务、服务名称	规格型号	单位	数量	单价	金额	税率	税额
设备安装费		台	1	66 839.29	66 839.29	11%	7 352.32
合　计					￥66 839.291		￥7 352.32
价税合计（大写）	⊗柒万肆仟壹佰玖拾壹元陆角壹分				（小写）￥74 191.61		

销售方	名称：宁波市安装有限公司 纳税人识别号：311006543298653 地址、电话：宁波市中山路256号 0574-22389686 开户行及账号：市工行中山支行 1100007896	备注	建筑服务发生地：宁波市西凌大街328号 项目名称：热拉机安装

收款人：方洪元　　复核人：朱红　　开票人：彭毅　　销售方：（章）

第三联：发票联　购买方记账凭证

中国工商银行
转账支票存根

10203321
01516160

附加信息＿＿＿＿＿＿＿＿＿＿

出票日期 2016 年 2 月 18 日

收款人	宁波市安装有限公司
金　额	￥74 191.61
用　途	安装费

单位主管　　　　会计

固定资产验收交接单
2016 年 2 月 18 日

资产编号	资产名称	型号规格或结构面积	计量单位	数量	设备价值或工程造价	设备基础及安装费用	附加费用	合计
	热拉机	VW134 BN-180	台	1	395 887.44	66 839.29		462 726.73
资产来源			耐用年限			主要附属设备	1. MH602J-180	
制造厂名	宁波正大机械厂		估计残值				2. MH56J-18	
制造日期及编号	年 No		基本折旧率					
工程项目或使用部门			复杂系数	机械　电气				

交验部门主管　设备科　　点交人　张力　　接管部门主管　　　接管人　徐洪江

本单分送财务部门，交接双方及上级有关资产管理部门

(5) 2月20日,有偿转让2辆汽车。

浙江增值税专用发票

3300161140　　No 00354025

此联不作报销、扣税凭证使用

开票日期:2016年6月18日

国税函[2016]662号海南华森实业公司

购买方	名　称:	宁波市江东汽车服务有限责任公司	密码区	（略）
	纳税人识别号:	311006431516552		
	地址、电话:	宁波市广益路28号 0574-92633333		
	开户行及账号:	市工行河东支行 3300021673		

货物或应税劳务、服务名称	规格型号	单位	数量	单价	金额	税率	税额
吉普车	广州	辆	1	15 000.00	15 000.00	17%	2 550.00
小客车	长春	辆	1	12 000.00	12 000.00	17%	2 040.00
合　计					¥27 000.00		¥4 590.00
价税合计(大写)	⊗叁万壹仟伍佰玖拾元整				(小写)¥31 590.00		

销售方	名　称:	三江针织有限责任公司	备注	发票专用章
	纳税人识别号:	311006435212145		
	地址、电话:	宁波市西凌大街328号 0574-92164708		
	开户行及账号:	市工行西凌支行 3210000216		

收款人: 张彭　　复核: 周春花　　开票人: 李斌　　销售方:(章)

第一联:记账联　销售方记账凭证

中国工商银行 进账单(收账通知) 1

2016年2月20日

出票人	全　称	宁波市公共汽车公司一队	收款人	全　称	三江针织有限责任公司
	账　号	234800030708		账　号	3210000216
	开户银行	市工行桥东支行		开户银行	市工行西凌支行

人民币(大写) 叁万壹仟伍佰玖拾元整	亿千百十万千百十元角分
	¥3 1 5 9 0 0 0

票据种类	转账支票	收款人开户银行盖章 中国工商银行 宁波市西凌支行 2016.2.20 转讫
票据张数	壹	
复核 李建　　记账 刘民		

此联是银行给收款人的收账通知

固定资产卡片（正面）

类别：

名　　称	吉普车	资产编号	
型号(结构)	广州212型	规格(米²)	
制(建)造厂	广州汽车厂	出厂时间	2011年12月
使用单位		出厂编号	21978
资金来源		资产原值(元)	50 000
记账凭证		启用年月	2011年12月
附件或附属物		验收日期(年)	2011年12月
		折旧年限(年)	10
调拨转移记录	让售给宁波市公共汽车公司一队	预计残值(元)	2 500
报废清理记录		预计清理费(元)	
中间停用记录		原安装费(元)	

折 旧 记 录（背面）

折旧方法：直线法

原值：50 000元		预计净残值：2 500元		年折旧率：9.5%		月折旧率：0.79%			
年份	年折旧率	年折旧额（元）	月折旧额（元）	累计年折旧额(元)	年份	年折旧率（%）	年折旧额（元）	月折旧额（元）	累计年折旧额(元)
2012	9.5%	4 750		4 750					
2013	9.5%	4 750		9 500					
2014	9.5%	4 750		14 250					
2015	9.5%	4 750		19 000					
2016	9.5%								

固定资产卡片（正面）

类别：

名　称	小客车	资产编号	
型号（结构）	长青130型	规格（米²）	
制（建）造厂	长青汽车厂	出厂时间	2009年12月
使用单位		出厂编号	3089
资金来源		资产原值（元）	160 000
记账凭证		启用年月	2009年12月
附件或附属物		验收日期（年）	2009年12月
		折旧年限（年）	8
调拨转移记录	让售给宁波市公共汽车公司	预计残值（元）	8 000
报废清理记录		预计清理费（元）	
中间停用记录		原安装费（元）	

折 旧 记 录（背面）

折旧方法：直线法

原值：160 000元　　　预计净残值：8 000元　　　年折旧率：11.875%　　　月折旧率：0.9896%

年份	年折旧率	年折旧额（元）	月折旧额（元）	累计年折旧额（元）	年份	年折旧率	年折旧率（元）	月折旧额（元）	累计年折旧额（元）
2010	11.875%	19 000	1583.34	19 000					
2011	11.875%	19 000	1583.34	38 000					
2012	11.875%	19 000	1583.34	57 000					
2013	11.875%	19 000	1583.34	76 000					
2014	11.875%	19 000	1583.34	95 000					
2015	11.875%	19 000	1583.34	114 000					
2016									

三、实验程序

1. 根据原始凭证编制记账凭证。
2. 计算固定资产折旧并将其记入固定资产卡片。

四、实验要求

1. 掌握固定资产折旧的计算方法。
2. 熟悉固定资产增加、减少的原因。
3. 掌握固定资产的核算程序和方法。
4. 撰写资产实验报告。

实验项目 2　收入、费用和利润核算实验

实验项目 2-1　营业收入核算实验

一、实验目的

通过实验，学生应熟悉销售方在各种结算方式下销售业务的处理方法，根据收入确认原则正确确认营业收入的实现。

二、实验资料

杭州市加图空调厂为一家股份制企业，生产 SOD 电风扇、ZCY 型家用空调、QEW 型商用中央空调三种产品。该厂为增值税一般纳税人，增值税税率为 17%。该厂 2016 年 6 月的有关销售业务资料及其原始凭证如下：

（1）2 日，销售产品，收到货款。

浙江增值税专用发票

3300161140　　　　　　　　　　　　　　　　　　　　　　　　　　No 04005009

此联不作报销、扣税凭证使用　　开票日期：2016 年 6 月 2 日

购买方	名　称：	杭州市华联商厦		密码区	（略）		
	纳税人识别号：	370202110113452					
	地址、电话：	杭州市科涛路6号 0571-62581258					
	开户行及账号：	市工行科涛支行 2124500024					

货物或应税劳务、服务名称	规格型号	单位	数量	单　价	金　额	税率	税　额
ZCY 型空调		台	20	3 655.00	73 100.00	17%	12 427.00
SOD 型风扇		台	10	830.00	8 300.00	17%	1 411.00
合　计					¥81 400.00		¥13 838.00
价税合计（大写）	⊗玖万伍仟贰佰叁拾捌元整				（小写）¥95 238.00		

销售方	名　称：	杭州市加图空调厂
	纳税人识别号：	370204033515888
	地址、电话：	杭州市秋涛路10号 0571-38716169
	开户行及账号：	市工行齐汇区支行 2300131113

备注：发票专用章 370204033515888

收款人：李作林　　复核：　　开票人：周竞　　销售方：（章）

浙江增值税专用发票 抵扣联

3300161140　　No 04005009

开票日期：2016年6月2日

购买方	名称：杭州市华联商厦 纳税人识别号：370202110113452 地址、电话：杭州市科涛路6号 0571-62581258 开户行及账号：市工行科涛支行 2124500024	密码区	（略）

货物或应税劳务、服务名称	规格型号	单位	数量	单价	金额	税率	税额
ZCY型空调		台	20	3 655.00	73 100.00	17%	12 427.00
SOD型风扇		台	10	830.00	8 300.00	17%	1 411.00
合　计					¥81 400.00		¥13 838.00
价税合计（大写）	⊗玖万伍仟贰佰叁拾捌元整				（小写）¥95 238.00		

销售方	名称：杭州市加固空调厂 纳税人识别号：370204033515888 地址、电话：杭州市秋涛路10号 0571-38716169 开户行及账号：市工行齐汇区支行 2300131113	备注	发票专用章 370204033515888

收款人：李作林　　复核：　　开票人：周竞　　销售方：（章）

国税函〔2016〕662号 海南华森实业公司

第二联：抵扣联　购买方扣税凭证

浙江增值税专用发票 发票联

3300161140　　No 04005009

开票日期：2016年6月2日

购买方	名称：杭州市华联商厦 纳税人识别号：370202110113452 地址、电话：杭州市科涛路6号 0571-62581258 开户行及账号：市工行科涛支行 2124500024	密码区	（略）

货物或应税劳务、服务名称	规格型号	单位	数量	单价	金额	税率	税额
ZCY型空调		台	20	3 655.00	73 100.00	17%	12 427.00
SOD型风扇		台	10	830.00	8 300.00	17%	1 411.00
合　计					¥81 400.00		¥13 838.00
价税合计（大写）	⊗玖万伍仟贰佰叁拾捌元整				（小写）¥95 238.00		

销售方	名称：杭州市加固空调厂 纳税人识别号：370204033515888 地址、电话：杭州市秋涛路10号 0571-38716169 开户行及账号：市工行齐汇区支行 2300131113	备注	发票专用章 370204033515888

收款人：李作林　　复核：　　开票人：周竞　　销售方：（章）

国税函〔2016〕662号 海南华森实业公司

第三联：发票联　购买方记账凭证

中国工商银行进账单(收账通知) 3

2016年6月2日　　　　　　　　　　　　　　　　第3号

出票人	全称	杭州市华联商厦	收款人	全称	杭州市加固空调厂
	账号或地址	2124500024		账号或地址	2300131113
	开户银行	市工行科涛支行		开户银行	市工行齐汇区支行

人民币(大写)　玖万伍仟贰佰叁拾捌元整

亿	千	百	十万	千	百	十元	角	分
			¥ 9	5	2	3 8	0	0

票据种类　转账支票

票据张数　壹

收款人开户银行盖章（中国工商银行杭州市齐汇区支行 2016.6.2 转讫）

复核　杨青　　记账　傅刚

此联是银行给收款人的收账通知

(2) 5日，销售产品。

浙江增值税专用发票

3300161140　　　　此联不作报销、扣税凭证使用　　　　No 00102006

开票日期：2016年6月5日

购买方	名　称：南昌市百货公司
	纳税人识别号：530103100202245
	地址、电话：南昌市华海路23号 0791-31338558
	开户行及账号：市工行华海路支行 2381463019

密码区　（略）

货物或应税劳务、服务名称	规格型号	单位	数量	单价	金额	税率	税额
ZCY型空调		台	20	3 500.00	70 000.00	17%	11 900.00
SOD型风扇		台	20	900.00	18 000.00	17%	3 060.00
合　计					¥88 000.00		¥14 960.00
价税合计(大写)	⊗壹拾万贰仟玖佰陆拾元整				(小写)¥102 960.00		

销售方	名　称：杭州市加固空调厂
	纳税人识别号：370204033515888
	地址、电话：杭州市秋涛路10号 0571-38716169
	开户行及账号：市工行齐汇区支行 2300131113

备注　发票专用章 370204033515888

收款人：李作林　　复核：　　开票人：周竞　　销售方：(章)

浙江增值税专用发票 抵扣联

3300161140　　　　　　　　　　　　　　　　　　　　　No 00102006

开票日期：2016年6月5日

购买方	名称：南昌市百货公司 纳税人识别号：530103100202245 地址、电话：南昌市华海路23号 0791-31338558 开户行及账号：市工行华海路支行 2381463019	密码区	（略）

货物或应税劳务、服务名称	规格型号	单位	数量	单价	金额	税率	税额
ZCY型空调		台	20	3 500.00	70 000.00	17%	11 900.00
SOD型风扇		台	20	900.00	18 000.00	17%	3 060.00
合　　计					￥88 000.00		￥14 960.00

价税合计（大写）　⊗壹拾万贰仟玖佰陆拾元整　　　（小写）￥102 960.00

销售方	名称：杭州市加园空调厂 纳税人识别号：370204033515888 地址、电话：杭州市秋涛路10号 0571-38716169 开户行及账号：市工行齐汇区支行 2300131113	备注	发票专用章 370204033515888

收款人：李作林　　复核：　　开票人：周竞　　销售方：（章）

浙江增值税专用发票 发票联

3300161140　　　　　　　　　　　　　　　　　　　　　No 00102006

开票日期：2016年6月5日

购买方	名称：南昌市百货公司 纳税人识别号：530103100202245 地址、电话：南昌市华海路23号 0791-31338558 开户行及账号：市工行华海路支行 2381463019	密码区	（略）

货物或应税劳务、服务名称	规格型号	单位	数量	单价	金额	税率	税额
ZCY型空调		台	20	3 500.00	70 000.00	17%	11 900.00
SOD型风扇		台	20	900.00	18 000.00	17%	3 060.00
合　　计					￥88 000.00		￥14 960.00

价税合计（大写）　⊗壹拾万贰仟玖佰陆拾元整　　　（小写）￥102 960.00

销售方	名称：杭州市加园空调厂 纳税人识别号：370204033515888 地址、电话：杭州市秋涛路10号 0571-38716169 开户行及账号：市工行齐汇区支行 2300131113	备注	发票专用章 370204033515888

收款人：李作林　　复核：　　开票人：周竞　　销售方：（章）

商业承兑汇票 2   Ⅶ 00784126

签发日期 贰零壹陆年 零陆月 零伍日

	全 称	杭州市加图空调厂		全 称	南昌市百货公司
收款人	账 号	2300131113	付款人	账 号	2381463019
	开户银行	市工行齐汇区支行 行号 24044		开户银行	市工行华海路支行 行号 23085

汇票金额	人民币（大写） 壹拾万贰仟玖佰陆拾元整	千百十万千百十元角分 ¥ 1 0 2 9 6 0 0 0
汇票到期日	贰零壹陆年 壹拾贰月 贰拾日	交易合同号码 07588

本汇票已经本单位承兑，到期日无条件支付票款。 此致
收款人
负责 刘利 经办 王江 2016年6月5日
付款人盖章

本汇票请予以承兑到期日付款。

汇票签发人盖章
负责 刘利 经办 王江

此联持票人开户行随托收凭证寄付款人开户行 作借款凭证附件

（3）8日，根据销售合同发出QEW型商用中央空调一套，并预收部分货款。

销 售 合 同

杭州市加图空调厂（以下称为甲方）与杭州市银海饭店（以下称为乙方）达成购销协议如下：

一、甲方向乙方出售QEW型商用中央空调一套，不含税售价人民币壹拾贰万捌仟元整。

二、甲方负责于2016年6月8日送货到乙方单位，并于2016年6月20日起至2016年6月30日止负责安装检验。

三、安装并投入使用后乙方试用1个月，如发现质量问题，乙方有权要求退货并由甲方负责赔偿损失。

四、双方约定价税款以支票方式结算，乙方2016年6月8日向甲方支付50%，安装检验完毕时支付50%。

五、本合同经杭州市公证处公证，双方各执一份。

甲方：法人代表及单位签章
合同专用章

乙方：法人代表及单位签章
合同专用章

公证人：张光 马豆

中国工商银行 转账支票

10203321
01737401

票付款期限自出票之日起十天

签发日期(大写)：贰零壹陆年 零陆月 零捌日
收款人：杭州市加固空调厂
付款行名称：市工行和兴支行
签发人账号：238475400154

人民币(大写)：柒万肆仟捌佰捌拾元整

亿	千	百	十	万	千	百	十	元	角	分
			¥	7	4	8	8	0	0	0

用途：货款

上列款项请从我账户内支付

出票人签章：（财务专用章）（银海饭店）（杭州市）

密码_____
行号_____

刘宁

复核　　　记账

中国工商银行 进账单（收账通知） 3

20　年　月　日

出票人	全称		收款人	全称	
	账号			账号	
	开户银行			开户银行	

金额	人民币(大写)	亿	千	百	十	万	千	百	十	元	角	分

票据种类_____　　票据张数_____

复核　　　记账

收款人开户行盖章

此联是收款人开户银行交给收款人的收账通知

(4) 15日，赊销产品。

浙江增值税专用发票

3300161140　　　　　　　　　　　　　　　　　　　No 00102006

此联不作报销、扣税凭证使用

开票日期：2016年6月15日

购买方	名　　称：金华市华联商厦 纳税人识别号：120101520212201 地址、电话：金华市中山路98号 0579-83269448 开户行及账号：市商行中山路支行 2381463612	密码区	（略）

货物或应税劳务、服务名称	规格型号	单位	数量	单　价	金　额	税率	税　额
SOD型风扇		台	50	800.00	40 000.00	17%	6 800.00
合　计					￥40 000.00		￥6 800.00
价税合计（大写）		⊗肆万陆仟捌佰元整				（小写）￥46 800.00	

销售方	名　　称：杭州市加图空调厂 纳税人识别号：370204033515888 地址、电话：杭州市秋涛路10号 0571-38716169 开户行及账号：市工行齐汇区支行 2300131113	备注	发票专用章 370204033515888

收款人：李作林　　　复核：　　　开票人：周竞　　　销售方：（章）

国税函〔2016〕662号海南华森实业公司

第一联：记账联 销售方记账凭证

浙江增值税专用发票

3300161140　　　　　　　　　　　　　　　　　　　No 00102006

抵扣联

开票日期：2016年6月15日

购买方	名　　称：金华市华联商厦 纳税人识别号：120101520212201 地址、电话：金华市中山路98号 0579-83269448 开户行及账号：市商行中山路支行 2381463612	密码区	（略）

货物或应税劳务、服务名称	规格型号	单位	数量	单　价	金　额	税率	税　额
SOD型风扇		台	50	800.00	40 000.00	17%	6 800.00
合　计					￥40 000.00		￥6 800.00
价税合计（大写）		⊗肆万陆仟捌佰元整				（小写）￥46 800.00	

销售方	名　　称：杭州市加图空调厂 纳税人识别号：370204033515888 地址、电话：杭州市秋涛路10号 0571-38716169 开户行及账号：市工行齐汇区支行 2300131113	备注	发票专用章 370204033515888

收款人：李作林　　　复核：　　　开票人：周竞　　　销售方：（章）

国税函〔2016〕662号海南华森实业公司

第二联：抵扣联 购买方扣税凭证

浙江增值税专用发票

3300161140　　　　　　　　　　　　　　　　　　No 00102006

发 票 联

开票日期：2016年6月15日

购买方	名　　称：金华市华联商厦 纳税人识别号：120101520212201 地址、电话：金华市中山路98号 0579-83269448 开户行及账号：市商行中山路支行 2381463612	密码区	（略）

货物或应税劳务、服务名称	规格型号	单位	数量	单价	金额	税率	税额
SOD型风扇		台	50	800.00	40 000.00	17%	6 800.00
合　计					¥40 000.00		¥6 800.00

价税合计（大写）　⊗肆万陆仟捌佰元整　　　　（小写）¥46 800.00

销售方	名　　称：杭州市加园空调厂 纳税人识别号：370204033515888 地址、电话：杭州市秋涛路10号 0571-38716169 开户行及账号：市工行齐汇区支行 2300131113	备注	发票专用章 370204033515888

收款人：李作林　　复核：　　开票人：周竟　　销售方：（章）

金华市华联商厦商业信用凭证

2016年6月15日

信用种类	赊　销	付款单位	全　称	金华市华联商厦
信用条件	2/10,1/20,n/30		账　号	2381463612
信用金额	46 800.00 元		开户行	市商行中山路支行

金额大写：人民币　肆万陆仟捌佰元整　　　　　　金华市华联商厦财务专用章

财务负责人：刘加　　　　　　　购货单位经办人：孙悦

(5) 18日，销售产品，办妥托收手续。

浙江增值税专用发票

3300161140　　　　　　　　　　　　　　　　　　　　　No 00102006
发票联
开票日期：2016年6月18日

购买方	名　　　称：温州市百货公司 纳税人识别号：370102489763214 地址、电话：温州市鸥江一路49号 0577-69119125 开户行及账号：市工行鸥江支行 2340894512	密码区	（略）

货物或应税劳务、服务名称	规格型号	单位	数量	单　价	金　额	税率	税　额
ZCY型空调		台	30	3 500.00	105 000.00	17%	17 850.00
合　　计					¥105 000.00		¥17 850.00
价税合计（大写）	⊗壹拾贰万贰仟捌佰伍拾元整				（小写）¥122 850.00		

销售方	名　　　称：杭州市加图空调厂 纳税人识别号：370204033515888 地址、电话：杭州市秋涛路10号 0571-38716169 开户行及账号：市工行齐汇区支行 2300131113	备注	发票专用章 370204033515888

收款人：李作林　　复核：　　开票人：周竞　　销售方：（章）

国税函〔2016〕662号 海南华森实业公司

第三联：发票联 购买方记账凭证

托收凭证（受理回单）　1

委托日期　2016年6月18日

业务类型	委托收款（□邮划、☑电划）　　托收承付（□邮划、□电划）

付款人	全　称	温州市百货公司	收款人	全　称	杭州市加图空调厂
	账　号	2340894512		账　号	2300131113
	地　址	浙江省温州市县　开户行 市工行鸥江支行		地　址	浙江省杭州市县　开户行 市工行齐汇区支行

金额	人民币（大写）⊗壹拾贰万贰仟捌佰伍拾元整	亿千百十万千百十元角分 ¥1 2 2 8 5 0 0 0

款项内容	贷款	托收凭据名称	委托收款	附寄单证张数	中国工商银行 杭州市秋涛支行
商品发运情况		铁路运输		合同名称号码	2016.DJ0062

备注：		款项收妥日期		收款人开户银行签章
		年　月　日		年　月　日

审核　　记账

此联作收款人开户银行给收款人的受理回单通知

(6) 支付销售产品的运输费用。

3300161140	浙江增值税专用发票 抵扣联	No 01005324

开票日期：2016年6月18日

购买方	名称：杭州市加园空调厂 纳税人识别号：370102489763214 地址、电话：杭州市秋涛路10号 0571-38716169 开户行及账号：市工行齐汇区支行 2300131113	密码区	（略）

货物或应税劳务、服务名称	规格型号	单位	数量	单价	金额	税率	税额
运费					3 000.00	11%	330.00
装卸费					800.00	6%	48.00
合计					￥3 800.00		￥378.00
价税合计（大写）	⊗肆仟壹佰柒拾捌元整				(小写) ￥4 178.00		

销售方	名称：台州火车站货物运输有限公司 纳税人识别号：331003085691998 地址、电话：台州市路桥区印丰路2512号 0576-22568001 开户行及账号：市建行路桥支行 2400213218	备注	起运地：杭州 到达地：温州市瓯江一路4号温州市百货公司 运输货物：空调机 车种车号：黄河汽车，浙A13805

收款人：吴飞　　复核：王芳　　开票人：邓志方　　销售方：(章)

3300161140	浙江增值税专用发票 发票联	No 01005324

开票日期：2016年6月18日

购买方	名称：杭州市加园空调厂 纳税人识别号：370102489763214 地址、电话：杭州市秋涛路10号 0571-38716169 开户行及账号：市工行齐汇区支行 2300131113	密码区	（略）

货物或应税劳务、服务名称	规格型号	单位	数量	单价	金额	税率	税额
运费					3 000.00	11%	330.00
装卸费					800.00	6%	48.00
合计					￥3 800.00		￥378.00
价税合计（大写）	⊗肆仟壹佰柒拾捌元整				(小写) ￥4 178.00		

销售方	名称：台州火车站货物运输有限公司 纳税人识别号：331003085691998 地址、电话：台州市路桥区印丰路2512号 0576-22568001 开户行及账号：市建行路桥支行 2400213218	备注	起运地：杭州 到达地：温州市瓯江一路4号温州市百货公司 运输货物：空调机 车种车号：黄河汽车，浙A13805

收款人：吴飞　　复核：王芳　　开票人：邓志方　　销售方：(章)

```
           中国工商银行
           转账支票存根
         10203321
         02163631

  附加信息  发往温州
  _____
  _____

  出票日期 2016 年 6 月 18 日

  收款人    杭州市中河公司
  金  额   ￥4 178.00
  用  途   运杂费

  单位主管  刘加         会计  柳白
```

三、实验程序

1. 根据实验资料编制记账凭证。
2. 根据实验资料登记收入明细账。

四、实验要求

1. 掌握收入确认的原则。
2. 熟悉与收入业务有关的内容。
3. 掌握收入核算的程序和方法。

实验项目 2-2 利润形成(含费用、负债)核算实验

一、实验目的

通过实验,使学生掌握利润总额和利润分配的核算方法,熟悉税后利润分配的顺序,明确"本年利润"账户和"利润分配"账户之间的关系。

二、实验资料

1. 杭州市宏大卷烟厂 2016 年 6 月份已发生的进项税额累计为 91 430.91 元。
2. 该厂 2016 年 6 月发生的其他有关收支业务及其原始凭证如下:
(1) 4 日,付广告费。

```
中国工商银行
转账支票存根

10203321
05163629

附加信息_____
            _____
            _____

出票日期 2016 年 6 月 4 日

收款人   杭州市广告实业公司
金  额   ¥2 141.20
用  途   付广告费
单位主管  刘加      会计  柳白
```

浙江增值税专用发票 抵扣联

3300161140 No 003405314

开票日期：2016年6月4日

购买方	名　　称：杭州市宏大卷烟厂 纳税人识别号：3702040833515888 地址、电话：杭州市秋涛路198号　0571-38716168 开户行及账号：市工行秋涛支行 2300131113	密码区	（略）

货物或应税劳务、服务名称	规格型号	单位	数量	单价	金额	税率	税额
广告费		平方米	20.2	100.00	2 020.00	6%	121.20
合　计					￥2 020.00		￥121.20
价税合计（大写）	⊗ 贰仟壹佰肆拾壹元贰角整				（小写）￥2 141.20		

销售方	名　　称：杭州市广告实业有限公司 纳税人识别号：331003284025871 地址、电话：杭州市下江路2112号　0571-32568222 开户行及账号：市建行方宏支行 2000758923	备注	（发票专用章）

收款人：谢飞　　复核：郭山　　开票人：丁乎　　销售方：（章）

国税函〔2016〕662号海南华森实业公司

第二联：抵扣联　购买方扣税凭证

浙江增值税专用发票 发票联

3300161140 No 003405314

开票日期：2016年6月4日

购买方	名　　称：杭州市宏大卷烟厂 纳税人识别号：3702040833515888 地址、电话：杭州市秋涛路198号　0571-38716168 开户行及账号：市工行秋涛支行 2300131113	密码区	（略）

货物或应税劳务、服务名称	规格型号	单位	数量	单价	金额	税率	税额
广告费		平方米	20.2	100.00	2 020.00	6%	121.20
合　计					￥2 020.00		￥121.20
价税合计（大写）	⊗ 贰仟壹佰肆拾壹元贰角整				（小写）￥2 141.20		

销售方	名　　称：杭州市广告实业有限公司 纳税人识别号：331003284025871 地址、电话：杭州市下江路2112号　0571-32568222 开户行及账号：市建行方宏支行 2000758923	备注	（发票专用章）

收款人：谢飞　　复核：郭山　　开票人：丁乎　　销售方：（章）

第三联：发票联　购买方记账凭证

(2) 6日,付贷款利息(假设当月列支)。

中国工商银行
贷款利息通知单(第三联 代支款通知)

No 0270150

3/3

贷款账户户名:杭州市宏大卷烟厂		账号:23004311133
利息计算时间: 2016年5月6日起 2016年6月6日止		左列贷款利息已从你单位 账号_____账户付出。
计算积数共计:¥15 000 000.00	利率:月0.889 5%	中国工商银行 杭州市秋涛支行 2016.6.6 转讫 开户银行盖章
利息金额(大写) 肆仟肆佰肆拾柒元伍角整		
附记:	¥ 4 447.50	
会计8号 事后监督9号 复核9号 制单10号		2016年6月6日

浙江增值税普通发票

3300154620　　　　发票联　　　　No 11215623

开票日期:2016年6月4日

国税函〔2016〕662号海南华恭实业公司　　第三联:发票联　购买方记账凭证

购买方	名　称:杭州市宏大卷烟厂 纳税人识别号:3702040833515888 地址、电话:杭州市秋涛路198号　0571-38716168 开户行及账号:市工行秋涛支行　2300131113	密码区	(略)

货物或应税劳务、服务名称	规格型号	单位	数量	单价	金　额	税率	税　额
贷款利息					4 195.75	6%	251.75
合　计					¥4 195.75		¥251.75
价税合计(大写)	⊗肆仟肆佰肆拾柒元伍角整				(小写)4 447.50		

备注:附贷款利息通知单。

销售方	名　称:中国工商银行秋涛支行 纳税人识别号:3300116895231116 地址、电话:杭州市中东街102号　0571-85536888 开户行及账号:2000056389

收款人:胡峰　　复核:郭明山　　开票人:周琳　　销售方:(章)

(3) 6日,收存款利息。

中国工商银行
存款利息通知单（第三联 代收款通知）

No 0259923

3/3

存款账户户名：杭州市宏大卷烟厂	账号：23004311133
利息计算时间：2016年5月6日 起 2016年6月6日 止	左列存款利息已收入你单位账户
计算积数共计：￥11 000 000.00	利率：月0.262 5%
利息金额(大写) 玖佰陆拾贰元伍角整	中国工商银行 杭州市秋涛支行 2016.6.6 转讫 开户银行盖章
附记：	￥962.50
会计8号　事后监督9号　复核9号　制单10号	2016年6月6日

(4) 7日,购买办公用品。

中国工商银行
转账支票存根

10203321
05163632

附加信息 _____

出票日期 2016年6月7日

收款人	杭州市百货批发部
金　额	￥9 828.00
用　途	购买计算器

单位主管　刘 加　　　会计　柳 白

浙江增值税专用发票 抵扣联

3300161140　　No 00102006

开票日期：2016 年 6 月 7 日

购买方	名　　称：杭州市宏大卷烟厂 纳税人识别号：3702040833515888 地址、电话：杭州市秋涛路 198 号 0571-38716168 开户行及账号：市工行秋涛支行 2300131113	密码区	（略）

货物或应税劳务、服务名称	规格型号	单位	数量	单价	金额	税率	税额
日本进口计算器		台	30	208.00	8 400.00	17%	1 428.00
合　　计					¥8 400.00		¥1 428.00
价税合计（大写）	⊗玖仟捌佰贰拾捌元整				（小写）¥9 828.00		

销售方	名　　称：杭州市百货批发部 纳税人识别号：370203084432513 地址、电话：杭州市文华路 20 号 0571-28257766 开户行及账号：市工行文华路支行 2408673225	备注	发票专用章 370203084432513

收款人：张明　　复核：　　开票人：王强　　销售方：（章）

国税函〔2016〕662 号 海南华森实业公司

第二联：抵扣联　购买方扣税凭证

浙江增值税专用发票 发票联

3300161140　　No 00102006

开票日期：2016 年 6 月 7 日

购买方	名　　称：杭州市宏大卷烟厂 纳税人识别号：370204003351588 地址、电话：杭州市秋涛路 198 号 0571-38716168 开户行及账号：市工行秋涛支行 23001311133	密码区	（略）

货物或应税劳务、服务名称	规格型号	单位	数量	单价	金额	税率	税额
日本进口计算器		台	30	208.00	8 400.00	17%	1 428.00
合　　计					¥8 400.00		¥1 428.00
价税合计（大写）	⊗玖仟捌佰贰拾捌元整				（小写）¥9 828.00		

销售方	名　　称：杭州市百货批发部 纳税人识别号：370203084432513 地址、电话：杭州市文华路 20 号 0571-28257766 开户行及账号：市工行文华路支行 2408673225	备注	发票专用章 370203084432513

收款人：张明　　复核：　　开票人：王强　　销售方：（章）

国税函〔2016〕662 号 海南华森实业公司

第三联：发票联　购买方记账凭证

(5) 9日,支付银行票据结算手续费。

3300161140	浙江增值税专用发票 抵 扣 联	No61218562

开票日期:2016年6月9日

购买方	名　　称: 杭州市宏大卷烟厂 纳税人识别号: 3702040833515888 地址、电话: 杭州市秋涛路198号 0571-38716168 开户行及账号: 市工行秋涛支行 2300131113	密码区	(略)

货物或应税劳务、服务名称	规格型号	单位	数量	单价	金额	税率	税额
票据结算手续费		本	1	212.00	212.00	6%	12.72
合　计					¥212.00		¥12.72

价税合计(大写)	⊗ 贰佰贰拾肆元柒角贰分	(小写) ¥224.72

销售方	名　　称: 中国工商银行秋涛支行 纳税人识别号: 3300116895231 16 地址、电话: 杭州市中东街102号 0571-85536888 开户行及账号: 2000056389	备注	发票专用章 330011689523116

收款人:唐彩花　　复核:陈明明　　开票人:李琳　　销售方:(章)

3300161140	浙江增值税专用发票 发 票 联	No61218562

开票日期:2016年6月9日

购买方	名　　称: 杭州市宏大卷烟厂 纳税人识别号: 3702040833515888 地址、电话: 杭州市秋涛路198号 0571-38716168 开户行及账号: 市工行秋涛支行 2300131113	密码区	(略)

货物或应税劳务、服务名称	规格型号	单位	数量	单价	金额	税率	税额
票据结算手续费		本	1	212.00	212.00	6%	12.72
合　计					¥212.00		¥12.72

价税合计(大写)	⊗ 贰佰贰拾肆元柒角贰分	(小写) ¥224.72

销售方	名　　称: 中国工商银行秋涛支行 纳税人识别号: 3300116895231 16 地址、电话: 杭州市中东街102号 0571-85536888 开户行及账号: 2000056389	备注	发票专用章 330011689523116

收款人:唐彩花　　复核:陈明明　　开票人:李琳　　销售方:(章)

(6) 10日,偿还前欠货款和付赔偿金。

中国工商银行　特种转账传票

2016年6月10日

代借方凭证
代支款通知
代贷方凭证
代收款通知

付款单位	全称	杭州市宏大卷烟厂	收款单位	全称	济南市造纸厂
	账号或地址	2300431113		账号或住址	1000520141
	开户银行	市工行府前支行	行号 24044	开户银行	市中行府前支行 行号 13055

金额 人民币(大写)　壹拾万捌仟叁佰贰拾肆元整　￥108324.00

| 原凭证金额 | 108 000.00 | 赔偿金 | 324.00 |
| 原凭证名称 | 电托 | 号码 | 391 |

转账原因：逾期10天,按每日3‰计算,共计赔偿金324元

科目(　)　对方科目(　)
复核　　记账　　制票
会计　　事后监督

中国工商银行
杭州市秋涛支行
2016.06.10
付款通知

付字第18号 附件1张

托收凭证(付款通知) 5

委托日期　2016年5月22日　　付款期限　2016年5月31日

| 业务类型 | 委托收款(□邮划、□电划)　托收承付(☑邮划、□电划) |

付款人	全称	杭州市宏大卷烟厂	收款人	全称	济南市造纸厂
	账号	2300431113		账号	1000520141
	地址	浙江省杭州市县	开户行 市工行秋涛支行	地址	山东省济南市县	开户行 市中行府前支行

金额 人民币(大写)　壹拾万捌仟元整　￥108000.00

| 款项内容 | 贷款 | 托收凭据名称 | 托收承付 | 附寄单证张数 | 5 |
| 商品发运情况 | 铁路运输 | 合同名称号码 | DJ0320 |

备注：
付款人开户银行收到日期
　年　月　日
审核　　记账

中国工商银行
杭州市秋涛支行
2016.05.28
付款通知

付款人开户付款通知签章
2016年5月28日

付款人注意：
1. 根据支付结算办法,上列委托收款(托收承付)款项在付款期限内未提出拒付,即视为同意付款,以此代付款通知。
2. 如需提出全部或部分拒付,应在规定期限内,将拒付理由书并附债务证明退交开户银行。

此联付款人开户银行给付款人按期付款通知

(7) 15日,缴纳税金和教育费附加。

中华人民共和国 税收缴款书

No 000034

隶属关系:烟草公司
经济类型:国有

填发日期:2016年6月15日　收入机关:杭州市国税局市北分局

缴款单位(人)	代　码	370204033515888	预算项目	款	增值税
	全　称	杭州市宏大卷烟厂		项	一级增值税
	开户银行	市工行秋涛支行		级次	中央级
	账　号	2300431113	收款国库		

税款所属时期　2016年5月1~30日　　税款收缴日期　2016年6月15日

品目名称	课税数量	计税金额或销售收入	税率或单位税额	已缴或扣除额	实缴税额 千 百 十 万 千 百 十 元 角 分
工业		2 150 300.00	17%	331 560.00	3 3 9 9 1 0 0

金额合计(大写):零拾叁万叁仟玖佰玖拾壹元零角零分　　¥ 3 3 9 9 1 0 0

缴款单位(人)(盖章)　税务机关(盖章)　上列款项已收妥并划转收款单位账户　国库(银行)盖章 2016年6月15日　备注

经办人(章)　填票人(章)

逾期不缴按税法规定加收滞纳金

中华人民共和国 税收缴款书

No 000034

隶属关系:烟草公司
经济类型:国有

填发日期:2016年6月15日　收入机关:杭州市国税局市北分局

缴款单位(人)	代　码	370204033515888	预算项目	款	消费税
	全　称	杭州市宏大卷烟厂		项	
	开户银行	市工行秋涛支行		级次	中央级
	账　号	2300431113	收款国库		市工行秋涛支行

税款所属时期　2016年5月1~30日　　税款收缴日期　2016年6月15日

品目名称	课税数量	计税金额或销售收入	税率或单位税额	已缴或扣除额	实缴税额 千 百 十 万 千 百 十 元 角 分
乙类卷烟		670 000.00	40%		2 6 8 0 0 0 0 0
甲类卷烟		1 480 300.00	45%		6 6 6 1 3 5 0 0

金额合计(大写):玖拾叁万肆仟壹佰叁拾伍元零角零分　　¥ 9 3 4 1 3 5 0 0

缴款单位(人)(盖章)　税务机关(盖章)　上列款项已收妥并划转收款单位账户　国库(银行)盖章 2016年6月15日　备注

经办人(章)　填票人(章)

逾期不缴按税法规定加收滞纳金

中华人民共和国税收缴款书

隶属关系：烟草公司
经济类型：国有

地 No.0000450

填发日期：2016年6月15日　　收入机关：杭州市地税局

缴款单位(人)	代码	370204033515888	预算项目	款	城市维护建设税
	全称	杭州市宏大卷烟厂		项	
	开户银行	市工行秋涛支行		级次	中央级
	账号	2300431113	收款国库		市工行秋涛支行

税款所属时期 2016年5月1～30日　　税款收缴日期 2016年6月15日

品目名称	课税数量	计税金额或销售收入	税率或单位税额	已缴或扣除额	实缴税额 千百十万千百十元角分
城市维护建设税		968 126.00	7%		6 7 7 6 8 8 2

金额合计(大写)：陆万柒仟柒佰陆拾捌元捌角贰分　　¥6 7 7 6 8 8 2

缴款单位(人)(盖章) 经办人(章)　税务机关(盖章) 填票人(章)　上列款项已收妥并划转单位账户　国库(银行)盖章 2016年6月15日　备注

杭州市地方税务局
教育费附加专用缴款书

地 No.0000451

填发日期：2016年6月15日

缴款单位(人)	全称	杭州市宏大卷烟厂	收入机关	杭州市地税局
	账号	2300431113		
	开户银行	市工行秋涛支行	收款国库	市工行秋涛支行

税款所属时期 2016年5月1～30日　　教育费附加限缴日期 2016年6月15日

税别	征收金额(元)	附加率	入库金额 十万千百十元角分
增值税	33 991.00	3%	1 0 1 9 7 3
消费税	934 135.00	3%	2 8 0 2 4 0 5

金额合计人民币(大写)：零拾贰万玖仟零佰肆拾叁元柒角捌分　　¥2 9 0 4 3 7 8

缴款单位(盖章)　税务机关(盖章)　上列款项已收妥并划转单位账户　国库(银行)盖章 2016年6月15日　备注：

(8) 23日,付排污费。

征收排污费收款收据 甲

No 1632917

签发 2016 年 6 月 21 日

缴款单位	全 称	杭州市宏大卷烟厂	收款单位	全 称	杭州市北区环境监理站
	开户行	市工行秋涛支行		开户行	市交行中山支行
	账 号	2300431113		账 号	53007008412

应征年月	污染有害物质名称与含量	单位	月排放量	超标倍数	征收标准	金额 千 百 十 万 千 百 十 元 角 分
	SO_2	千克	49 980		0.2×50%	4 9 9 8 0 0

合计金额(大写): 肆仟玖佰玖拾捌元整　　　¥4 998.00

收款单位: 环燕明　　　　　　　　　　　复核: 王星

第二联 交款单位记账凭证

委托收款凭证(付款通知) 5

委托号码: 0884

委邮

委托日期: 2016年6月21日　　付款期限: 2016年6月23日

付款人	全 称	杭州市宏大卷烟厂	收款人	全 称	杭州市北区环境监理站		
	账号或地址	2300431113		账 号	5300700841		
	开户银行	市工行秋涛支行		开户银行	市交行府前支行	行号	55012

委收金额	人民币(大写)	肆仟玖佰玖拾捌元整	千 百 十 万 千 百 十 元 角 分
			¥ 4 9 9 8 0 0

款项内容	排污费	委托收款凭据名称	征收排污费收款收据	附寄单证张数	

备注:

付款人注意:
1. 根据结算办法,上列委托收款,如在付款期限内未拒付时,即视同全部同意付款,以此联代付款通知。
2. 如需提前付款或多付款时,应另写书面通知送银行办理。
3. 如系全部或部分拒付,应在付款期限内另填拒绝付款理由书送银行办理。

单位主管: 刘加　会计: 柳白　复核: 杨青　记账: 傅刚　付款单位开户银行盖章:　月　日

此联是付款人开户银行给付款人按期付款的通知

(9) 23日，缴纳第二季度房产税。

中华人民共和国 税收缴款书

地 No 0000458

隶属关系：烟草公司
经济类型：国有

填发日期：2016年6月22日　收入机关：杭州市地税局

缴款单位（人）	代　码	370204033515888	预算项目	款	房产税
	全　称	杭州市宏大卷烟厂		项	
	开户银行	市工行秋涛支行		级次	市级
	账　号	2300431113	收款国库		市工行秋涛支行

税款所属时期　2016年4~6月　　税款收缴日期　年　月　日

品目名称	课税数量	计税金额或销售收入	税率或单位税额	已缴或扣除额	实缴税额 千百十万千百十元角分
房主评估价值		9 500 000.00	1.2%	57 000.00	5 7 0 0 0 0 0

金额合计（大写）：伍万柒仟元整　　　　　　　　　¥ 5 7 0 0 0 0 0

缴款单位（人）（盖章）经办人（章）　税务机关（盖章）填票人（章）　上列款项已收妥并划转收款单位账户 2016.6.22
国库（银行）盖章 2016年6月22日

逾期不缴按税法规定加收滞纳金

第一联（收据）缴款单位（人）作完税凭证 国库（经收处）收款盖章后退

无银行收讫章无效

(10) 24日，付评估费。

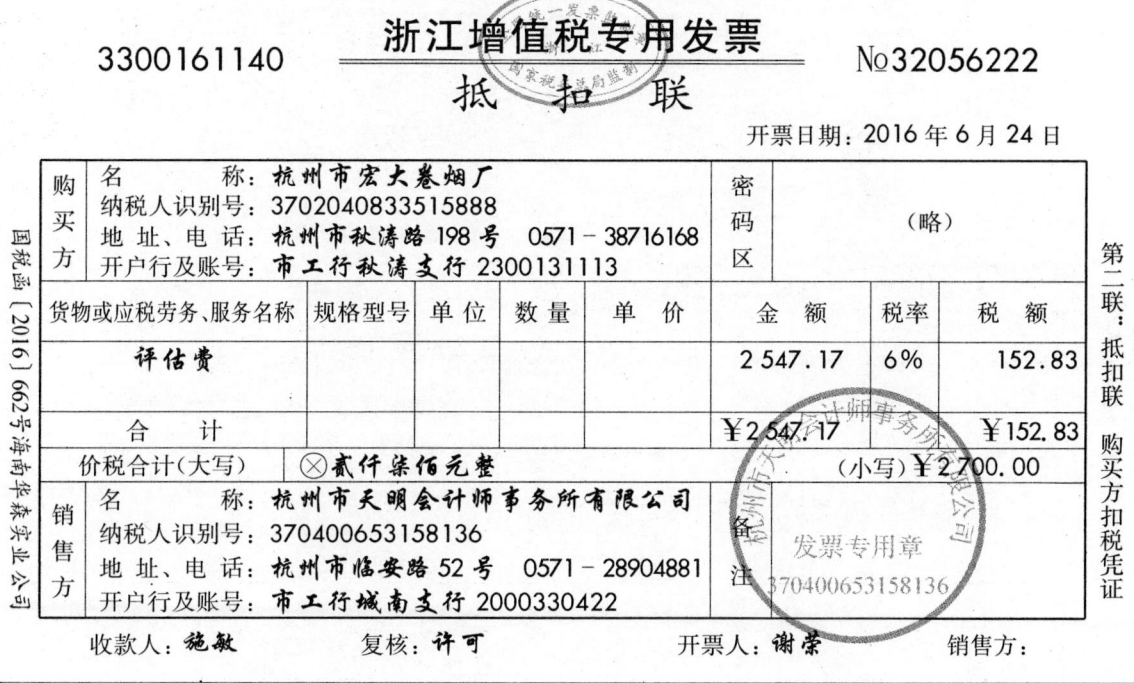

浙江增值税专用发票

3300161140　　　　　　　　　　　　　　　　　　　№32056222

发　票　联

开票日期：2016年6月24日

购买方	名　　称：杭州市宏大卷烟厂 纳税人识别号：3702040833515888 地　址、电话：杭州市秋涛路198号　0571-38716168 开户行及账号：市工行秋涛支行 2300131113	密码区	（略）

货物或应税劳务、服务名称	规格型号	单位	数量	单价	金额	税率	税额
评估费					2 547.17	6%	152.83
合　　计					¥2 547.17		¥152.83

价税合计（大写）	⊗ 贰仟柒佰元整	（小写）¥2 700.00

销售方	名　　称：杭州市天明会计师事务所有限公司 纳税人识别号：370400653158136 地　址、电话：杭州市临安路52号　0571-28904881 开户行及账号：市工行城南支行 2000330422	备注	发票专用章 370400653158136

收款人：施敏　　复核：许可　　开票人：谢荣　　销售方：

国税函〔2016〕662号海南华东实业公司

第三联：发票联　购买方记账凭证

业务委托协议书

编号：

兹有杭州市宏大卷烟厂委托杭州市天明会计师事务所有限公司，办理下列财会业务，应付业务费，按规定的收费标准由委托单位支付。

委托业务： 　　对现有固定资产进行评估
要求事项： 　　出具资产评估报告
收费标准：1. 　　　　　　2. 　　　　　　3. 　　　　　　合计：贰仟柒佰元整
备　　注：1. 本委托书一式三份，由委托单位、经办单位和受委托单位各执一份。 　　　　　　2. 　　　　　　3.

受委托单位：杭州市天明会计师事务所有限公司	委托单位：杭州市宏大卷烟厂
地　　址：浙江杭州市临安路52号	地　　址：杭州市秋涛路198号
负责人：曹江	负责人：宋民
电　　话：0571-28904881	电　　话：0571-38716168
日　　期：2016年6月5日	日　　期：2016年6月5日

```
        中国工商银行
        转账支票存根
        10203321
        05163634
  附加信息_____
  _____
  _____
  出票日期 2016 年 6 月 24 日
  ┌──────┬──────────────────────┐
  │ 收款人 │ 杭州市天明会计师事务所 │
  ├──────┼──────────────────────┤
  │ 金 额 │ ￥2 700.00           │
  ├──────┼──────────────────────┤
  │ 用 途 │ 付资产评估费          │
  └──────┴──────────────────────┘
  单位主管  刘加      会计  柳白
```

(11) 30 日，自查调账。

```
              税收检查自查报告
  自查单位：杭州市宏大卷烟厂
  ┌────────────────────────────────────────┐
  │      企业重点自查查出的违纪事实和调账处理      │
  │  我厂根据杭州市国税局稽查分局税收检查通知精神，对我厂 2016 年 1～5 │
  │ 月在税收方面进行了全面检查，自查发现的问题如下：    │
  │  因我厂财务处自 2016 年 5 月份起会计人员换岗，新任工资核算员对 │
  │ 工资费用的分配不熟悉，将福利人员工资 5 月共 3 000 元与专项工程 │
  │ 人员的工资 5 月共 6 000 元误列入"管理费用"账户。   │
  │  根据现行会计制度规定，应调账处理如下：       │
  │    借：应付职工薪酬——应付福利费     3 000  │
  │       在建工程             6 000  │
  │     贷：管理费用                 9 000 │
  │                                        │
  │                      财务主管：何流    │
  │                      财务处长：孟印    │
  │                          2016.6.30   │
  └────────────────────────────────────────┘
```

(12) 31 日，本月申报纳税，应交增值税、消费税、城市维护建设税、教育费附加、水利建设专项资金五种税费。本月实现的销售收入增值税销项税额见实验资料 3。

增值税纳税申报表

（适用于增值税一般纳税人）

根据《中华人民共和国增值税暂行条例》第二十三条的规定制定本表。纳税人不论有无销售额，均应按主管税务机关核定的纳税期限按期填报本表，并于次月一日起十日内，向当地税务机关申报。

税款所属时间：自 年 月 日 至 年 月 日

填表日期： 年 月 日

金额单位：元（列至角分）

纳税人识别号		所属行业：		
纳税人名称（公章）		法定代表人姓名		注册地址
		登记注册类型		营业地址
开户银行及账号				电话号码

项　　目	栏次	一般货物及劳务		即征即退货物及劳务	
		本月数	本年累计	本月数	本年累计
销售额					
（一）按适用税率征税货物及劳务销售额	1=2+3+4				
其中：应税货物销售额	2				
应税劳务销售额	3				
纳税检查调整的销售额	4				
（二）按简易征收办法征收的销售额	5				
其中：纳税检查调整的销售额	6				
（三）免、抵、退办法出口货物销售额	7				
（四）免税货物及劳务销售额	8				
其中：免税货物销售额	9				
免税劳务销售额	10				
税款计算					
销项税额	11				
进项税额	12				
上期留抵税额	13				
进项税额转出	14				
免抵退货物应退税额	15				
按适用税率计算的纳税检查应补缴税额	16				
应抵扣税额合计	17=12+13-14-15+16				
实际抵扣税额	18（如17<11,则为17,否则为11）				
应纳税额	19=11-18				
期末留抵税额	20=17-18				
简易征收办法计算的应纳税额	21				
按简易征收办法计算的纳税检查应补缴税额	22				
应纳税额减征额	23				
应纳税额合计	24=19+21-23				
税款缴纳					
期初未缴税额（多缴为负数）	25				
实收出口开具专用缴款书退税额	26				
本期已缴税额	27=28+29+30+31				
①分次预缴税额	28				
②出口开具专用缴款书预缴税额	29				
③本期缴纳上期应纳税额	30				
④本期缴纳欠缴税额	31				
期末未缴税额（多缴为负数）	32=24+25+26-27				
其中：欠缴税额（≥0）	33=25+26-27				
本期应补（退）税额	34=24-28-29				
即征即退实际退税额	35				
期初未缴查补税额	36				
本期入库查补税额	37				
期末未缴查补税额	38=16+22+36-37				

授权声明

如果你依法委托代理人申报，请填写下列资料：

为代理一切税务事宜，现授予权_____（地址）_____为本纳税人的代理申报人，任何与本申报表有关的往来文件都可寄与此人。

授权人签字：

申报人声明

此纳税申报表是根据《中华人民共和国增值税暂行条例》的规定填报的，我确信它是真实的、可靠的、完整的。

声明人签字：

以下由税务机关填写：

收到日期： 接收人： 主管税务机关盖章

浙江省地方税(费)纳税综合申报表

填报日期：　年　月　日　　　　　　　　　　　　　　　　　　　　　　　　　　　计算单位：元（列至角分）

纳税人全称（盖章）		地税编号		经济类型		财务负责人	
营业地址		开户银行		银行账号		电话号码	

税（费）种	税（费）目	税款所属期	应税收入	应税减除项目金额	计证依据（金额或数量）	税（费）率或单位税（费）额	本期应纳税（费）额	免税收入	被扣缴税额	减免税（费）额			批准缓缴税额	前期多缴税额	本期已纳税额	本期应补(退)税额	缴费人数
										合计	无需审批	审批类					
城市维护建设税	中等城市																
教育费附加	教育附加收入																
水利建设专项资金	生产企业、私营及个体经营者																
地方教育费附加																	
合　计																	

纳税人声明	本单位(公司)、个人）所申报的各种税(费)款真实、准确，如有虚假内容，愿承担相法法律责任。法人代表（业主）签名：　　　　　财务负责人或税务代理人签名：	授权人声明	我(公司)现授权　　　　　为本纳税人的代理申报人，其法人代表可以寄此代理机构、任何与申报有关的往来的文件、电话委托代理合同号码：授权人（法人代表，业主）签名：　　签字　年　月　日	代理人声明	本纳税申报表是按国家税法和税务机关规定填报，我确信其真实、合法。代理人（法人代表）签名：　　经办人签名：（代理人盖章）　　　年　月　日	备注

会计主管或税务代理主管签名：　　　　　　填报人签名：　　　　　　打印鉴证码：

消费税纳税申报表

填表日期： 年 月 日

税纳人识别号 □□□□□□□□□□□□□□□

单位：元（列至角分）

税纳人名称							税款所属时间				
产品名称	适用税目	销售数量	销售额	视同销售数量	视同销售金额	计税金额或计税数量	税率(%)税额	本期准予扣除税额	本期应交税额	本期已交税额	本期应补(退)税额
1	2	3	4	5	6	7=4+6 或3+5	8	9	10=7×8-9	11	12=10-11
合计											

如纳税人填报，由纳税人填写以下各栏			如委托代理填报人,由代理人填写以下各栏		备注
会计主管（签章）	经纪人（签章）	纳税人（签章）	代理人名称	代理人（签章）	
			代理人地址		
			经办人	电话	
以下由税务机关填写					
收到申报表日期				接收人	

3. 杭州市宏大卷烟厂2016年6月份发生的销售业务资料如下：

杭州市宏大卷烟厂2016年6月份销售汇总表

单位：元

产品销售	类别	计量单位	销量（箱）	单价	销售收入	销项税额	单位成本	销售生产成本
翻盖宏光	甲	标准箱	60	3 655	219 300	37 281	1 100	66 000
精装宏光	甲	标准箱	30	1 830	54 900	9 333	550	16 500
全包装宏光	甲	标准箱	100	2 070	207 000	35 190	620	62 000
全包装外双菊	甲	标准箱	50	2 884	144 200	24 514	870	43 500
全包装内双菊	甲	标准箱	50	2 340	117 000	19 890	710	35 500
粗装内双菊	甲	标准箱	10	2 540	25 400	4 318	760	7 600
翻盖樱花	甲	标准箱	60	3 290	197 400	33 558	990	59 400
精装牡丹	乙	标准箱	120	685	82 200	13 974	380	45 600
全包装黄月季	甲	标准箱	30	3 100	93 000	15 810	930	27 900
精装芍药	甲	标准箱	50	1 080	54 000	9 180	320	16 000
粗装迎春	甲	标准箱	0					
全包装牡丹	甲	标准箱	0					
合 计		标准箱	560		1 194 400	203 048		380 000
其他销售		计量单位	销量	单价	销售收入	销项税额	单位成本	销售成本
上等烟叶		担	50	380	19 000	2 470	360	18 000
添加剂		瓶	10	17.091	170.91	29.06	15	150
备 注								

4. 该企业按本月利润额预交所得税,所得税税率为25%。

5. 其他税率如下:

(1) 消费税税率:甲类卷烟为45%,乙类卷烟为40%(暂不考虑从量计征)。

(2) 城市维护建设税税率为7%。

(3) 教育费附加率为3%。

(4) 地方教育费附加率为2%。

(5) 水利建设专项资金率为1.2‰,计征依据为当月的营业收入。

三、实验程序

1. 根据实验资料编制有关记账凭证。

2. 根据实验资料编制结转销售成本的记账凭证。

3. 根据实验资料填列增值税、消费税、城市维护建设税、教育费附加、水利建设专项资金申报表及有关记账凭证。

4. 根据有关实验资料,计算本月份以下项目的数额:

(1) 营业利润。

(2) 利润总额。

5. 根据实验资料计算本月应交所得税税额,并编制应交所得税记账凭证。

6. 根据以上资料编制结转损益类账户的记账凭证。

7. 根据以上资料登记"本年利润"明细账。

四、实验要求

1. 掌握收入、费用和利润的核算程序和方法。

2. 熟悉与收入、费用和利润有关的内容。

3. 掌握利润的计算方法。

4. 撰写本项目的实验报告。

实验项目 3 会计报表编制实验

实验项目 3-1 企业所得税和利润分配核算实验

一、实验目的

通过实验,学生应掌握企业所得税纳税调整的基本方法,掌握应纳税所得额、应交所得税、所得税费用和利润分配的计算方法及会计处理,并为编制会计报表做好准备。

二、实验资料

1. 三江机械制造股份有限公司 2015 年 1 月 1 日有关科目余额、2015 年 12 月损益结转及利润分配前有关科目全年发生额如下:

有关科目年初余额及本期发生额　　　　单位:元

科 目 名 称	年初余额		本期发生额	
	借/贷	余额	借方发生额	贷方发生额
库存现金	借方	887.50	(26) 250 000 (45) 25 000	(27) 250 000 (46) 25 000
银行存款	借方	640 000	(4) 117 (7) 8 250 (16) 400 (18) 200 000 (12) 468 000 (20) 100 000 (21) 15 000 (23) 150 000 (35) 10 000 (37) 255 000 (44) 136 250	(1) 50 000 (2) 87 750 (8) 50 500 (9) 75 000 (15) 250 (25) 131 250 (26) 250 000 (39) 5 000 (42) 5 000 (45) 25 000 (48) 53 300 (19) 58 500 (52) 30 000
其他货币资金	借方	162 150		(4) 58 500 (35) 10 000
交易性金融资产	借方	7 500		(7) 转让 7 500
应收票据	借方	23 000	(43) 146 250	(44) 146 250
应收账款	借方	150 000	(6) 175 500	(37) 255 000

(续表)

科 目 名 称	年初余额 借/贷	年初余额 余额	本期发生额 借方发生额	本期发生额 贷方发生额
坏账准备	贷方	450		(38) 计提 450
预付账款	借方	50 000		
其他应收款	借方	2 500		
材料采购	借方	112 500	(2) 采购 75 000 (4) 采购 49 900	(3) 结转成本 50 000 (5) 结转成本 49 900
原材料	借方	275 000	(3) 入库 47 500 (5) 入库 50 000	(31) 领用 350 000
周转材料	借方	44 025		(32) 摊销 25 000
库存商品	借方	840 000	(41) 完工入库 641 200	(49) 结转销售成本 375 000
材料成本差异	借方	18 475	(3) 入库差异 2 500	(5) 入库差异 100 (33) 领用差异 18 750
生产成本			(28) 工资 137 500 (29) 福利费 19 250 (31) 材料 350 000 (33) 材料差异 17 500 (40) 制造费 116 950	(41) 结转入库成本 641 200
制造费用			(28) 工资 5 000 (29) 福利费 700 (32) 低值易耗品摊销 25 000 (33) 材料差异 1 250 (34) 专利权摊销 45 000 (36) 折旧 40 000	(40) 结转 116 950
长期股权投资	借方	100 000		
可供出售金融资产	借方	25 000		
长期股权投资减值准备				(51) 计提 35 000
固定资产	借方	750 000	(8) 购入 50 500 (13) 完工转入 700 000	(14) 100 000 (22) 200 000
累计折旧	贷方	200 000	(14) 90 000 (22) 75 000	(36) 计提 50 000
固定资产清理			(14) 净值 10 000 (15) 清理支出 250 (22) 净值 125 000 (24) 净收益 25 000	(16) 清理收入 400 (17) 净损失 9 850 (23) 清理收入 150 000
工程物资			(9) 购入 75 000	

(续表)

科 目 名 称	年初余额 借/贷	年初余额 余额	本期发生额 借方发生额	本期发生额 贷方发生额
在建工程	借方	750 000	(10) 工资及福利费 114 000 (11) 利息 75 000	(13) 结转成本 700 000
无形资产	借方	500 000		
无形资产减值准备				(50) 计提 20 000
累计摊销	贷方	50 000		(34) 摊销 80 000
短期借款	贷方	150 000	(25) 偿还 125 000	(20) 100 000
应付票据	贷方	100 000	(1) 偿还 50 000	
应付账款	贷方	476 900		
其他应付款	贷方	25 000		
应付职工薪酬	贷方	55 000	(27) 支付 250 000	(10) 工程人员 114 000 (28) 经营人员 150 000 (29) 经营人员 21 000
应交税费 ——应交增值税	贷方	15 000	(2) 进项 12 750 (4) 进项 8 483 (19) 冲销项 8 500 (48) 缴纳 50 000	(6) 销项 25 500 (12) 销项 68 000 (43) 销项 21 250
应交税费 ——城市维护建设税				(47) 5 951.19
应交税费 ——应交所得税			(52) 预缴款 30 000	
应交税费 ——教育费附加	贷方	3 300	(48) 缴纳 3 300	(47) 应交 4 250.85
应付股利				
应付利息	贷方	500	(25) 支付 6 250	(30) 计提利息 5 750
长期借款	贷方	800 000		(11) 计提利息 75 000 (18) 借入 200 000 (30) 计提利息 5 000
股　　本	贷方	2 500 000		
盈余公积	贷方	50 000		
利润分配	贷方	25 000		
主营业务收入			(19) 退回 50 000	(6) 销售 150 000 (12) 销售 400 000 (43) 销售 125 000
主营业务成本			(49) 销售成本 375 000	
税金及附加			(47) 教育费附加 10 202.04	
销售费用			(39) 展览费 5 000 (42) 广告费 5 000	

(续表)

科 目 名 称	年初余额		本期发生额	
	借/贷	余额	借方发生额	贷方发生额
管理费用			(28)工资 7 500 (29)福利费 1 050 (34)无形资产摊销 35 000 (36)折旧费 10 000 (46)办公费 16 875 (46)业务招待费 8 125	
财务费用			(30)利息 10 750 (44)贴现息 10 000	
投资收益				(7)转让收益 750 (21)利息 15 000
资产减值损失			(38) 450 (50) 20 000 (51) 35 000	
营业外收入				(24)处置固定资产净收益 25 000
营业外支出			(17)处置固定资产净损失 9 850	
所得税费用				
本年利润				
递延所得税资产	借方	112.50		

2. 该公司所得税税率为25%,投资收益中国库券利息收入为15 000元。确认递延所得税资产时,应当以预期收回该资产期间的适用所得税税率为基础计算确定。

3. 该公司按净利润的10%提取法定盈余公积,按净利润的5%提取任意盈余公积,公司本年度拟分配现金股利16 107元。

三、实验程序

1. 根据以上资料进行纳税调整,计算应纳税所得额、应交所得税、递延所得税资产和所得税费用,并编制所得税的记账凭证,同时记入上表中有关账户的本期发生额。

2. 结转损益类账户、结转净利润,进行利润分配并编制有关记账凭证,同时记入上表中相关账户的本期发生额。

3. 结出各账户期末余额。

四、实验要求

1. 对实验资料中损益类账户发生额分析其纳税调整项目。

2. 在计算利润总额的基础上,计算税前不得扣除的费用,通过纳税调整来计算应纳税所得额、应交所得税、递延所得税资产和所得税费用,并进行相应的会计处理。

3. 掌握有关利润分配的会计处理。

4. 完成结账事项。

实验项目 3-2 资产负债表编制实验

一、实验目的

通过实验,学生应掌握资产负债表的结构,掌握资产负债表各项目期末余额的填列方法。

二、实验资料

三江机械制造股份有限公司 2015 年 12 月 31 日各账户期初、期末余额见实验项目 3-1。

三、实验程序

1. 熟悉资产负债表的编制原理和方法。
2. 根据实验项目 3-1 所给实验资料编制资产负债表。

资 产 负 债 表

会企 01 表

编制单位: _____ 年___月___日　　　　　单位:元

资　　产	期末余额	年初余额	负债和所有者权益(或股东权益)	期末余额	年初余额
流动资产:			流动负债:		
货币资金			短期借款		
以公允价值计量且变动计入当期损益的金融资产			以公允价值计量且变动计入当期损益的金融负债		
应收票据			应付票据		
应收账款			应付账款		
预付款项			预收款项		
应收利息			应付职工薪酬		
应收股利			应交税费		
其他应收款			应付利息		
存货			应付股利		
一年内到期的非流动资产			其他应付款		
其他流动资产			一年内到期的非流动负债		
流动资产合计			其他流动负债		
非流动资产:			流动负债合计		
可供出售金融资产			非流动负债:		
持有至到期投资			长期借款		
长期应收款			应付债券		
长期股权投资			长期应付款		
投资性房地产			专项应付款		

(续表)

资　　产	期末余额	年初余额	负债和所有者权益(或股东权益)	期末余额	年初余额
固定资产			预计负债		
在建工程			递延所得税负债		
工程物资			其他非流动负债		
固定资产清理			非流动负债合计		
生产性生物资产			负债合计		
油气资产			所有者权益(或股东权益)：		
无形资产			实收资本(或股本)		
开发支出			资本公积		
商誉			减：库存股		
长期待摊费用			其他综合收益		
递延所得税资产			盈余公积		
其他非流动资产			未分配利润		
非流动资产合计			所有者权益(或股东权益)合计		
资　产　总　计			负债和所有者权益(或股东权益)总计		

四、实验要求

假设该公司的总分类账户与所属明细分类账户余额方向相同、金额相等(明细分类账户资料略)，要求根据总分类账户余额填列资产负债表有关项目期初、期末余额。

实验项目 3-3　利润表编制实验

一、实验目的

通过实验，学生应掌握利润表的结构，掌握利润表各项目金额的填列方法。

二、实验资料

三江机械制造股份有限公司 2015 年 12 月 31 日损益类账户发生额见实验项目 3-1。

三、实验程序

1. 熟悉利润表的编制原理和方法。
2. 根据实验项目 3-1 所给实验资料编制利润表。

利 润 表

编制单位: ＿＿＿＿＿＿ 年＿＿月

会企02表
单位:元

项　目	本期金额	本年累计金额
一、营业收入		
减:营业成本		
税金及附加		
销售费用		
管理费用		
财务费用		
资产减值损失		
加:公允价值变动净收益(净损失以"－"号填列)		
投资收益(损失以"－"号填列)		
其中:对联营企业和合营企业的投资收益		
二、营业利润(亏损以"－"号填列)		
加:营业外收入		
减:营业外支出		
其中:非流动资产处置损失		
三、利润总额(亏损总额以"－"号填列)		
减:所得税费用		
四、净利润(净亏损以"－"号填列)		
五、其他综合收益的税后净额		
(一)以后不能重分类进损益的其他综合收益		
(二)以后将重分类进损益的其他综合收益		
1. 权益法下在被投资单位以后重分类进损益的其他综合收益中享有的份额		
2. 可供出售金融资产公允价值变动损益		
3. 持有至到期投资重分类为可供出售金融资产损益		
六、综合收益总额		
七、每股收益:		
(一)基本每股收益		
(二)稀释每股收益		

四、实验设计

假定本实验只给出损益类账户发生额是全年累计发生额,要求根据损益类等账户发生额分析填列利润表"本年累计金额"栏各项目金额。

实验项目 3-4 现金流量表编制实验

一、实验目的

通过实验,学生应掌握现金流量表的结构,掌握现金流量表项目金额的填列方法。

二、实验资料

三江机械制造股份有限公司 2015 年 12 月 31 日各账户发生额及余额见实验项目 3-1。

三、实验程序

1. 熟悉现金流量表的编制原理和方法。
2. 分析实验项目 3-1 所给实验资料中与现金流量相关的项目。
3. 根据实验项目 3-1 所给实验资料编制现金流量表。

现 金 流 量 表

会企 03 表

编制单位：　　　　　　　　　　　　　　　　年度　　　　　　　　　　　　单位：元

项　目	本期金额	上期金额
一、经营活动产生的现金流量		
销售商品、提供劳务收到的现金		
收到的税费返还		
收到其他与经营活动有关的现金		
经营活动现金流入小计		
购买商品、接受劳务支付的现金		
支付给职工以及为职工支付的现金		
支付的各项税费		
支付其他与经营活动有关的现金		
经营活动现金流出小计		
经营活动产生的现金流量净额		
二、投资活动产生的现金流量		
收回投资收到的现金		
取得投资收益收到的现金		
处置固定资产、无形资产和其他长期资产收回的现金净额		
处置子公司及其他营业单位收回的现金净额		
收到其他与投资活动有关的现金		
投资活动现金流入小计		
购建固定资产、无形资产和其他长期资产支付的现金		
投资支付的现金		
取得子公司及其他营业单位支付的现金净额		
支付其他与投资活动有关的现金		
投资活动现金流出小计		
投资活动产生的现金流量净额		
三、筹资活动产生的现金流量		
吸收投资收到的现金		
取得借款收到的现金		

(续表)

项　　目	本期金额	上期金额
收到其他与筹资活动有关的现金		
筹资活动现金流入小计		
偿还债务支付的现金		
分配股利、利润或偿付利息支付的现金		
支付其他与筹资活动有关的现金		
筹资活动现金流出小计		
筹资活动产生的现金流量净额		
四、汇率变动对现金及现金等价物的影响		
五、现金及现金等价物净增加额		
加:期初现金及现金等价物余额		
六、期末现金及现金等价物余额		

四、实验要求

假设该公司2015年全年未发生现金等价物业务,该公司2015年12月31日银行存款余额属于可随时支付的存款,要求完成现金流量表的编制,并确保资产负债表中"货币资金"项目年初余额与年末余额的差额与现金流量表中"现金及现金等价物净增加额"项目金额相等。

实验项目3-5　所有者权益变动表编制实验

一、实验目的

通过实验,学生应掌握所有者权益变动表的结构,掌握所有者权益变动表各项目金额的填列方法。

二、实验资料

三江机械制造股份有限公司2015年12月31日各账户发生额及余额见实验项目3-1。

三、实验程序

1. 熟悉所有者权益变动表的编制原理和方法。
2. 分析实验项目3-1所给实验资料中与所有者权益变动相关的项目。
3. 根据实验项目3-1所给实验资料编制所有者权益变动表(不考虑上年金额)。

四、实验要求

假设该公司未发生会计政策变更和前期差错,要求填列所有者权益变动表"本年金额"栏各项目金额,并完成所有者权益变动表的编制。

所有者权益变动表

编制单位：　　　　　　　　　　　　　　年度　　　　　　　　　　　　　会企04表
单位：元

项　　目	本年金额						上年金额					
	实收资本（或股本）	资本公积	减：库存股	盈余公积	未分配利润	所有者权益合计	实收资本（或股本）	资本公积	减：库存股	盈余公积	未分配利润	所有者权益合计
一、上年年末余额												
加：会计政策变更												
前期差错更正												
二、本年年初余额												
三、本年增减变动金额（减少以"－"号填列）												
（一）净利润												
（二）直接计入所有者权益的利得和损失												
1. 可供出售金融资产公允价值变动净额												
2. 权益法下被投资单位其他所有者权益变动的影响												
3. 与计入所有者权益项目相关的所得税影响												
4. 其他												
上述（一）和（二）小计												
（三）所有者投入和减少资本												
1. 所有者投入资本												
2. 股份支付计入所有者权益的金额												
3. 其他												
（四）利润分配												
1. 提取盈余公积												
2. 对所有者（或股东）的分配												
3. 其他												
（五）所有者权益内部结转												
1. 资本公积转增资本（或股本）												
2. 盈余公积转增资本（或股本）												
3. 盈余公积弥补亏损												
4. 其他												
四、本年年末余额												

附录 1

实验教学项目卡

学　　期：_____

课程名称：_____

实验教师：_____

实验教学项目卡

实践教学归属部门		实验室名称	
实验项目名称		实验课时数	
所属课程名称		实验人数	
专业（班级）		每组人数	
是否按教学大纲设置		实验类型		实验开设属性	
实验教材或指导书名称			
实验目的			
实验设备及条件			
实验主要内容			
实验基本步骤和方法			
实验消耗材料			
实验室人员及教师签名			
实验室负责人签名			

备注：①实验类型分为：验证性、综合性和设计性。②实验开设属性分为：必开、选开和自由开放。

附录 2

实验中学生常见问题的解答

为了方便同学们学习,促进自主训练,提高实验效果,培养同学们的会计职业判断能力,我们将近年来同学们实验中提出的有关实验问题进行分析整理,选出下列比较典型的问题进行解答,供同学们在"中级财务会计学"课程的技能训练中或以后会计工作中参考。

1. 实验项目 1-1 中的第(1)笔经济业务,销售产品,开具增值税专用发票并取得了经购买方(杭州汽车修理厂)承兑的商业承兑汇票一份。在编制记账凭证时,哪些原始凭证应作为记账凭证的附件,粘贴在记账凭证后面?

增值税专用发票由基本联次或者基本联次附加其他联次构成。基本联次为三联:发票联、抵扣联和记账联。其中,发票联作为购买方核算采购成本和增值税进项税额的记账凭证;抵扣联作为购买方报送主管税务机关认证和留存备查的凭证;记账联作为销售方核算销售收入和增值税销项税额的记账凭证。其他联次用途由增值税一般纳税人自行确定。

商业承兑汇票一式三联:第一联为卡片联,由承兑人留存;第二联为持票人开户银行随同托收凭证寄付款人开户银行作借方凭证附件;第三联为存根联,由出票人留存。在这笔销售业务中,杭州市实验设备厂为销售方,是商业承兑汇票的持票人,当该汇票到期时作为委托开户银行收款的凭据。所以销售方收到的是该汇票第二联,需要另外保存,不能作为记账凭证的附件粘贴在记账凭证后面,而是需要将此凭据在辅助账簿中登记。

在这笔业务中,记账凭证所附的原始凭证只有增值税专用发票的记账联,但在记账凭证的摘要栏内应注明"销售产品并收到商业承兑汇票一份,面值为 128 700 元"等字样。在实务工作中,会计人员往往将商业承兑汇票第二联复印件作附件使用。

2. 实验项目 1-1 第(3)笔经济业务,票据到期,委托银行收款,此业务是否需要编制记账凭证?

在"中级财务会计学"课程中,同学们会接触到多种结算方式,对于初学者来说,往往将银行汇票与商业汇票混淆起来。其实两者是有区别的。

银行汇票是出票银行签发的,由其在见票时按照实际结算金额无条件支付给收款人或者持票人的票据。银行汇票从出票日开始 1 个月内,持票人随时可以要求银行付款,是一种见票即付的票据,所以持票人持票要求银行付款时只要填写进账单后连同银行汇票一并送交所在单位的开户银行,银行受理后就兑付给持票人了。

而商业汇票是出票人签发的,委托付款人在指定日期无条件支付确定的金额给收款人或者持票人的票据。商业汇票按照不同的承兑人可以分为商业承兑汇票和银行承兑汇票两种。由银行承兑的汇票为银行承兑汇票,由银行以外的企、事业单位承兑的汇票为商业承兑汇票。商业汇票的付款期限最长可达 6 个月,在付款期限到了时也不能要求银行付款,银行不承担付款责任,所以持票人只能在付款期限到了时在规定时间内委托银行收款,需要填写委托收款结算凭证并连同经承兑的商业汇票送存开户银行,委托银行收款,待收到委托收款凭证的收账通知联后才能编制收款凭证。

所以这笔业务只是要求学生完成委托银行办理收款手续,不需要编制记账凭证。

3. "交易性金融资产"账户应如何设置明细账?

"交易性金融资产"账户核算企业为交易目的所持有的债券投资、股票投资、基金投资等交易性金融资产的公允价值。该账户可按照交易性金融资产的类别和品种,分别"成本""公允价值变动"等进行明细核算。"交易性金融资产"明细账的账页格式是采用三栏式还是多栏式或数量金额式没有统一规定,主要根据企业自己规范要求,一般情况下按照交易性金融资产品种分设"成本"和"公允价值变动"两个三栏式账页,购入、出售信息记录比较清晰,分别在借方或者贷方作记录,但反映某个交易金融资产(如某只股票)的整体信息是分散的,它分别体现在2个账页上。所以如果企业投资的交易性金融资产的品种比较多,而且同一品种交易次数比较多,可以采用借方多栏式明细账,按"成本"和"公允价值变动"设多栏式明细账,当公允价值变动减少时在借方用红字登记。其缺点是记录比较麻烦,账页上显示信息不够清晰,其优点是公允价值的整体信息一目了然。对同一品种的交易性金融资产购入和出售频率比较高的企业,为了方便计算出售交易性金融的单位成本,在实务中有的企业采用数量金额式的账页记录分别购入与出售的数量、单位投资成本和总额等信息。

4. 同样是银行结算中"回单"联,有的"回单"联需要进行账务处理(即编制会计分录),而有的则不需要进行账务处理,这是为什么?

在银行结算凭证中,有的是属于付款人或者汇款人主动付款的行为,有的是收款人委托银行收款的行为。属于付款人主动付款的结算方式如"银行信汇凭证""银行电汇凭证"是汇款人填制的,是汇款人委托银行将其款项支付给收款人的结算方式,当汇款人办理汇兑结算后收到银行盖章后退回的"回单"联,表明汇款人委托银行付款的行为已经完成,银行存款已经减少,同学们可以观察到在实验中给出的"回单"联上已盖有"转讫"两字的银行业务章。所以企业收到汇兑(信汇或电汇)结算凭证的"回单"联就应编制付款的记账凭证。属于委托银行收款结算方式(如委托收款、托收承付等结算方式),收款人填制的是收款人委托银行向付款人收取款项的结算单据,当企业已办理委托收款手续,收到银行退回的"回单"联时仅仅表明银行已经受理企业的委托,并未表明已经收到款项,同样同学们也可以观察到在实验中给出的"回单"联上已经盖有"受理"两字的银行业务章,所以凭这个"回单"不能编制收款的记账凭证。需要注意的是,以转账支票结算的,收到购买方签发的转账支票,填制3联单的进账单连同支票交存银行,将该支票背书给开户银行也是一种委托收款,银行受理后退回的"回单"联,实际上也并未收到款项,但由于收款人与支票签发人是在同一城市或者同一票据交换区域,一般情况下在第2天能够收到款项,所以实务工作中往往企业根据进账单的回单联编制收款的记账凭证,实务中这样的会计处理可能会造成"未达账项"。

5. 销售商品或提供劳务、服务时所取得的票据,在票据到期或收款时,哪些需要填制"进账单"?哪些需要填制委托收款凭证?

收到票据到期或收款时需填制进账单的票据有:银行汇票、银行本票、转账支票;需要填制托收凭证的票据有:商业承兑汇票和银行承兑汇票。

6. 在编制银行存款付款凭证时,能作为付款原始凭证的有哪些凭证?

(1) 采用银行本票和银行汇票结算的,办理该票据时作为付款原始凭证的是"银行汇票申请书"和"银行本票申请书"。

(2) 采用支票结算的,作为付款原始凭证的是支票存根联。

(3) 采用商业汇票结算的,作为付款原始凭证的是托收凭证的付款通知联。

(4) 采用汇兑结算的,作为付款原始凭证的是信汇或电汇凭证的回单。

(5) 采用托收承付、委托收款结算的,作为付款原始凭证的是托收承付、委托收款的付款通知联。

7. 在编制银行存款记账凭证时,能作为收款原始凭证的是哪些凭证?

(1) 采用银行本票和银行汇票结算的,作为收款的原始凭证是进账单(收账通知)联。

(2) 采用转账支票结算的,作为收款的原始凭证是进账单(收账通知)联。

(3) 采用商业汇票结算的,作为收款的原始凭证是托收凭证的收账通知联。

(4) 采用汇兑结算的,作为收款的原始凭证是信汇或电汇凭证的收账通知联。

(5) 采用托收承付、委托收款结算的,作为收款的原始凭证是托收承付、委托收款的收账通知联。

8. 托收承付结算的程序是怎样的?

托收承付是根据购销合同由收款人发货后委托银行向异地付款人收取款项,由付款人向银行承认付款的结算方式。托收承付款项按划回方式不同分为邮寄和电报两种。采用托收承付结算方式时,购销双方必须签有符合我国《合同法》的购销合同,并在合同上订明使用托收承付结算方式。按照《支付结算办法》的规定,承付货款分为验单付款与验货付款两种。验单付款是购货企业根据经济合同对银行转来的托收结算凭证、发票账单及代垫运杂费等到交易所进行审查无误后,即可承认付款的付款方式。验货付款是购货企业等到货物运达企业,对其进行检验与合同完全相符后才承认付款的付款方式。

承付期:验单付款的承付期为 3 天,自付款人开户银行发出通知的次日起计算。验货付款的承付期为 10 天,自运输部门向付款人发出提货通知的次日计算。

付款人在承付期内,未向银行表示拒绝付款的,视为承付。

拒付理由:①没有签订购销合同或者购销合同未订明托收承付结算方式的款项。②未经双方事先达成协议,收款人提前交货或因逾期交货付款人不再需要该项货物的款项。③未按合同规定的到货地址的款项。④代销、寄销、赊销商品的款项。⑤验单付款,发现所列货物的品种、规格、数量、价格与合同规定不符的款项,或者货物已到,经查验货物与合同规定与发货清单不符的款项。⑥验货付款,经查验货物与合同规定不符或与发货清单不符的款项。⑦货款已经支付或计算错误的款项。

托收承付结算凭证一式五联,各联次及其用途如下:第一联为受理回单联,是收款人开户银行给收款人的受理回单;第二联为贷方凭证,是收款人开户银行作贷方凭证;第三联为借方凭证,是付款人开户银行作借方凭证;第四联为收账通知,是收款人开户银行作收账通知;第五联,付款通知,是付款人开户银行给付款人的付款通知。

托收承付结算的程序如下:①收款人发出商品。②收款人委托银行收款。③收款人开户行将托收凭证传递给付款人开户行。④付款人开户行通知付款人承付。⑤付款人承认付款。⑥银行间划拨款项。⑦通知收款人货款收妥入账。

9. 在"中级财务会计学"课程实验中,涉及增值税的业务比较多,特别是增值税进项税额,哪些项目进项税额准予从销项税额中抵扣?哪些项目的进项税额不得从销项税额中抵扣?

全面营改增后,《营业税改征增值税试点实施办法》第二十五条规定,下列四类进项税额准予从销项税额中抵扣:

(1) 从销售方取得的增值税专用发票(含税控机动车销售统一发票,下同)上注明的增值税额。

(2) 从海关取得的海关进口增值税专用缴款书上注明的增值税额。

(3) 购进农产品,除取得增值税专用发票或者海关进口增值税专用缴款书外,按照农产品收购发票或者销售发票上注明的农产品买价和13%的扣除率计算的进项税额。其计算公式为:

$$进项税额 = 买价 \times 扣除率$$

买价是指纳税人购进农产品在农产品收购发票或者销售发票上注明的价款和按照规定缴纳的烟叶税。

购进农产品,按照《农产品增值税进项税额核定扣除试点实施办法》抵扣进项税额的除外。

(4) 从境外单位或者个人购进服务、无形资产或者不动产,自税务机关或者扣缴义务人取得的解缴税款的完税凭证上注明的增值税额。

纳税人取得的增值税扣税凭证不符合法律、行政法规或者国家税务总局有关规定的,其进项税额不得从销项税额中抵扣。

增值税扣税凭证是指增值税专用发票、海关进口增值税专用缴款书、农产品收购发票、农产品销售发票和完税凭证。

纳税人凭完税凭证抵扣进项税额的,应当具备书面合同、付款证明和境外单位的对账单或者发票。资料不全的,其进项税额不得从销项税额中抵扣。

下列项目的进项税额不得从销项税额中抵扣:①用于简易计税方法计税项目、免征增值税项目、集体福利或者个人消费的购进货物、加工修理修配劳务、服务、无形资产和不动产。其中涉及的固定资产、无形资产、不动产,仅指专用于上述项目的固定资产、无形资产(不包括其他权益性无形资产)、不动产。纳税人的交际应酬消费属于个人消费。②非正常损失的购进货物,以及相关的加工修理修配劳务和交通运输服务。③非正常损失的在产品、产成品所耗用的购进货物(不包括固定资产)、加工修理修配劳务和交通运输服务。④非正常损失的不动产,以及该不动产所耗用的购进货物、设计服务和建筑服务。⑤非正常损失的不动产在建工程所耗用的购进货物、设计服务和建筑服务。纳税人新建、改建、扩建、修缮、装饰不动产,均属于不动产在建工程。⑥购进的旅客运输服务、贷款服务、餐饮服务、居民日常服务和娱乐服务。⑦财政部和国家税务总局规定的其他情形。

10. 实验项目2-2中,企业取得的存款利息收入是否需要缴纳增值税?

按照《营业税改征增值税试点有关事项的规定》,企业取得的存款利息收入属于不征收增值税项目,可以根据银行的存款利息通知单上的金额,借记"银行存款"账户,贷记"财务费用"账户。

附录 3

实验评分标准

"中级财务会计学模拟实验"课程成绩分为优秀、良好、中等、及格和不及格。各等级评分标准如下。

1. 优秀(A)

(1) 实验项目的各项经济业务的会计技术处理过程符合《企业会计准则》和《企业会计制度》的要求,增值税、消费税和所得税等税务处理符合税收制度的规定。

(2) 会计凭证的填制符合有关财经、会计等法规的要求,无涂改现象,凭证装订规范。

(3) 账簿设置符合要求,账簿记录符合规范,账面整洁。

(4) 报表编制符合规范、钩稽关系正确。

(5) 实验结论正确。

(6) 验收答疑、回答问题的思路清晰、准确。

(7) 实验报告格式规范,实验目的明确,实验原理与步骤正确,实验内容数据记录全面,实验体会体现专业特征。

2. 良好(B)

(1) 实验项目的各项经济业务的会计技术处理过程符合《企业会计准则》和《企业会计制度》的要求,增值税、消费税和所得税等税务处理符合税收制度的规定。

(2) 会计凭证的填制符合有关财经、会计等法规的要求,无涂改现象,凭证装订规范。

(3) 账簿设置符合要求,账簿记录基本符合规范,账面比较整洁。

(4) 报表编制符合规范,钩稽关系正确。

(5) 实验结论正确。

(6) 验收答疑、回答问题基本正确。

(7) 实验报告格式规范,实验目的明确,实验原理与步骤正确,实验内容数据记录全面,有一定的实验体会。

3. 中等(C)

(1) 实验项目的各项经济业务的会计技术处理过程基本符合《企业会计准则》和《企业会计制度》的要求,增值税、消费税和所得税等税务处理基本符合税收制度的规定。

(2) 会计凭证的填制符合有关财经、会计等法规的要求,基本无涂改现象,凭证装订规范。

(3) 账簿设置基本符合要求,账簿记录基本符合规范,账面比较整洁。

(4) 报表编制基本符合规范,钩稽关系基本正确。

(5) 实验结论基本正确。

(6) 验收答疑、回答问题无明显错误。

(7) 实验报告基本格式规范,实验目的明确,实验原理与步骤正确,实验内容数据记录较全面,有一定的实验体会。

4. 及格(D)

(1) 实验项目的各项经济业务的会计技术处理过程基本符合《企业会计准则》和《企业会计制度》的要求,增值税、消费税和所得税等税务处理基本符合税收制度的规定。

(2) 会计凭证的填制基本符合有关财经、会计等法规的要求,基本无涂改现象,凭证装订较规范。

(3) 账簿设置基本符合要求,账簿记录基本符合规范,账面尚整洁。

(4) 报表编制基本符合规范、钩稽关系基本正确。

(5) 验收答疑、回答问题无原则错误。

(6) 实验结论基本无错误。

(7) 实验报告基本格式规范,实验目的明确,实验原理与步骤正确,实验内容数据记录较全面,有一定的实验体会。

5. 不及格(E)

(1) 实验项目的各项经济业务的会计技术处理过程不符合《企业会计准则》和《企业会计制度》的要求,增值税、消费税和所得税等税务处理不符合税收制度的规定。

(2) 会计凭证的填制不符合有关财经、会计等法规的要求,涂改现象严重,凭证装订不规范。

(3) 账簿设置不符合要求,账簿记录不符合规范,账面不整洁。

(4) 报表编制不符合规范,钩稽关系错误。

(5) 验收答疑、回答问题错误。

(6) 实验结论错误。

(7) 实验报告基本格式不规范,实验目的不明确,实验原理与步骤不正确,实验内容数据记录不全,实验体会不符合专业特征。

附录 4

实验结果验收记录表

班级：　　　　　　　　　　　　　　学期：

序号	学号	姓名	会计资料完整性	会计资料整洁度	实验结果准确性	实验报告规范性	答疑	备注

实验老师签名：

附录 5

实验过程控制记录表

班级：　　　　　　　　　　　学期：

序号	学号	姓名	迟到	早退	缺勤	独立完成程度	进度检查	备注

实验老师签名：

附录 6

实验报告格式及写作要求

一、实验报告的格式

实验报告的参考格式如下：

"中级财务会计学"课程实验报告

学年　　学期

实验项目名称：
班级：　　　　姓名：　　　　　学号：　　　　　成绩：

一、实验目的

二、实验原理和步骤

三、实验内容及数据记录

四、实验结果

五、实验体会

二、实验报告的写作要求

按每个实验项目撰写一份实验报告。实验报告中应填明课程名称、实验项目名称、班级、姓名、学号。

（一）实验项目1

资产核算实验

1. 实验目的

按实验教材上实验项目1-1至实验项目1-3的实验目的。

2. 实验原理和步骤

（1）开设有关总账与明细账，并将有关期初余额登记入账。

（2）填制或取得有关原始凭证并进行审核。

（3）根据审核后原始凭证编制记账凭证。

（4）根据审核后的记账凭证登记有关总账及明细账。

（5）发出存货计价：计算加权平均单价，计算发出存货成本和期末结存存货计价，计提存货跌价准备。

（6）金融资产期末计价：计提坏账准备，并根据交易性金融资产公允价值变动情况，进行账务处理。

（7）转让固定资产，结转清理净损益。

（8）结出有关账户期末余额，将有关总账与所属明细账进行核对。

3. 实验内容及数据记录

1）实验内容

实验项目1-1 金融资产核算实验：货币资金、交易性金融资产及应收款项核算。

实验项目1-2 存货（材料）核算实验：原材料采购、入库、领用和期末计量。

实验项目1-3 固定资产核算实验：固定资产的购建、折旧计提和固定资产报废。

2）实验数据记录

实验项目1-1 金融资产核算实验：开设货币资金、应收账款、应收票据、交易性金融资产等账户的总账以及应收项目的明细账；填制部分原始凭证。例如，实验项目1-1中的经济业务(3)，由海丰吉力汽车厂申请市工行吉力支行承兑的，票面金额为38 610元的银行承兑汇票票据到期，委托银行收款填制委托银行收款的结算凭证；经济业务(10)，向滨江拖拉机厂销售产品并代垫运费共计金额131 224元，办理委托收款手续。经济业务(14)，计提坏账准备编制坏账准备计提表。经济业务(15)，计算期末交易性金融资产公允价值变动损益，并编制其计算表等原始凭证。根据原始凭证编制记账凭证、登记相关总账和明细账并结账工作。根据给出经济业务描述2～3笔经济业务。

实验项目1-2 存货（材料）核算实验：开设"原材料"总账和明细账；平时根据给出经济业务编制记账凭证，并登账；期末编制账存实存对比表，用于计算材料盈亏；编制发料凭证汇总表和期末存货跌价准备表等原始凭证。根据原始凭证编制记账凭证并登账和结账工作。根据给出经济业务描述2～3笔经济业务。

实验项目1-3 固定资产核算实验：根据固定资产购入、安装、投入使用等原始凭证，计算固定资产初始成本，编制记账凭证；根据固定资产转让及转让损益，编制记账凭证；计算折旧额。

根据给出经济业务描述2~3笔经济业务。

4. 实验结果

(1) 结出"库存现金""银行存款""应收账款""应收票据""坏账准备""交易性金融资产""原材料""存货跌价准备"等账户的期末余额。

(2) 得出各项固定资产初始成本和转让损益等实验结果的数据。

5. 实验体会

体会要真实,反映实验遇到的问题及解决方法,反映通过本项目的实验所掌握资产核算技能的程度。

(二) 实验项目2 收入、费用和利润核算实验

1. 实验目的

按实验教材上实验项目2-1和实验项目2-2的实验目的。

2. 实验原理和步骤

(1) 实验原理:①收入确认的条件。②费用确认的条件。③负债中主要增值税销项税额计算、进项税额的抵扣条件、相关税款的计算方法等。④利润计算、应交企业所得税的计算。

(2) 实验步骤:

①开设多栏式"主营业务收入"明细账和"本年利润"明细账等。②编制有关原始凭证。③根据有关会计凭证登记账簿。④月末结出有关账户的发生额和余额。

3. 实验内容及实验数据记录

(1) 实验内容:参照实验项目1的列示方法,列出本实验项目各子项目的名称。

(2) 实验数据记录:说明实验数据来源,参照实验项目1的列示方法,列出部分经济业务及数据。

4. 实验结果

(1) 计算出主营业务收入金额。

(2) 计算出增值税销项税额、进项税额和应交增值税、应交消费税、应交城市维护建设税和应交教育费附加金额。

(3) 计算出利润总额和应交企业所得税税额。

5. 体会

体会要真实,反映实验遇到的问题及解决方法,反映通过本项目的实验所掌握收入、费用、利润和应交税费的计算等技能的程度。

(三) 实验项目3 会计报表编制实验

1. 实验目的

参考实验教材实验项目3-1至实验项目3-5的实验目的。

2. 实验原理和步骤

1) 实验原理

(1) 会计等式:资产=负债+所有者权益,收入-费用=利润。

(2) 期末结转损益类账户。

(3) 所得税的纳税调整基本方法。

(4) 利润分配的基本规则。

(5) 资产负债表的编制方法。

(6) 利润表的编制方法。

(7) 现金流量表的编制方法。

2) 实验步骤

(1) 结转损益类账户(除"所得税费用"账户外)。

(2) 所得税纳税调整,计算应纳税所得额、应交所得税和所得税费用,编制记账凭证并登账。

(3) 结出各总分类账户的期末余额并进行试算平衡。

(4) 编制资产负债表。根据账簿记录的资料按资产负债表的编制原理填列有关项目的期末余额。资产总计、负债和所有者权益总计应相等。

(5) 编制利润表。根据损益类账户的发生额分析填列有关项目并计算各步的利润。

(6) 编制现金流量表。根据有关账簿记录和现金流量表各项目填列方法计算各项目的金额。

3. 实验内容及数据记录

(1) 实验内容:参照实验项目1的列示方法,列出本实验项目各子项目的名称。

(2) 实验数据记录:参照实验项目1的列示方法,列出部分经济业务及数据。

4. 实验结果

(1) 计算出应纳税所得额、应交所得税费用、递延所得税资产和递延所得税负债。

(2) 计算出资产总额、负债总额和所有者权益总额。

(3) 计算出利润总额和净利润等数据。

5. 体会

体会要真实,反映实验遇到的问题及解决方法,反映通过本项目的实验所掌握所得税纳税调整、资产负债表、利润表等会计报表编制方法等技能的程度。

附录 7

实 验 思 考 题

1. 通过实验项目 1-1，分析若企业在不同的银行或其他金融机构存入款项，应如何设置"银行存款日记账"才能准确提供各存款的详细信息？

2. 结合本实验，试述期末坏账准备的计提过程。

3. 结合本实验，试述企业持未到期的商业承兑汇票向银行申请贴现业务的会计处理。

4. 为什么对应收票据的核算除了进行应收票据总分类核算和明细分类核算外，还应当设置"应收票据备查簿"进行补充登记？

5. 结合本实验，分析采用"限额领料单"形式记录材料领用情况需要具备怎样的条件？如何加强该凭证的保管和领用制度？

6. 结合本实验，分析材料购入、入库、付款和增值税抵扣等环节分别需要哪些原始凭证作依据？

7. 结合本实验描述银行承兑汇票到期如何办理收款手续？

8. 结合本实验，描述企业销售商品或提供劳务服务取得银行汇票后如何办理收款手续？

9. 结合本实验，描述电汇结算方式的办理流程。

10. 结合收入核算的实验，分析本月发生销售退回涉及增值税销项税额的企业应进行怎样的处理才能得到税务部门的认可？

11. 结合本实验，分析"应交税费——应交增值税"明细账与"应交税费——应交消费税"明细账的不同之处。

12. 通过本实验，分析本实验中涉及增值税申报表中有哪些栏目？如何填列？

13. 结合本实验，分析"应交税费——应交所得税"账户与"所得税费用"账户之间的关系。

14. 结合本实验，谈谈编制资产负债表和利润表的体会。

15. 通过本实验，谈谈你在实验中遇到的问题是如何解决的？在以后的实验中你应注意哪些问题？

附录 8　银行汇票流转程序图

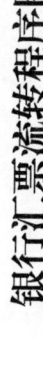

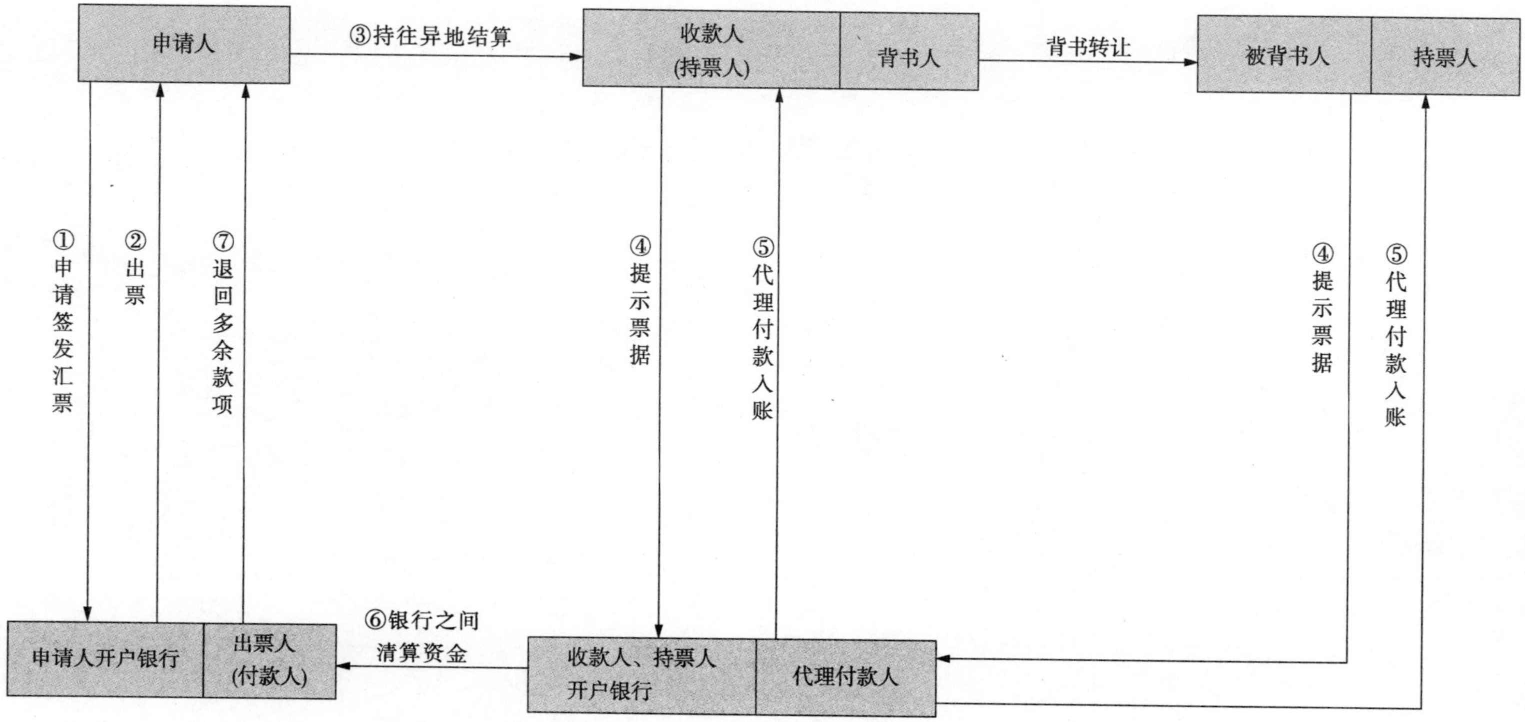

附录 9 商业承兑汇票流转程序图

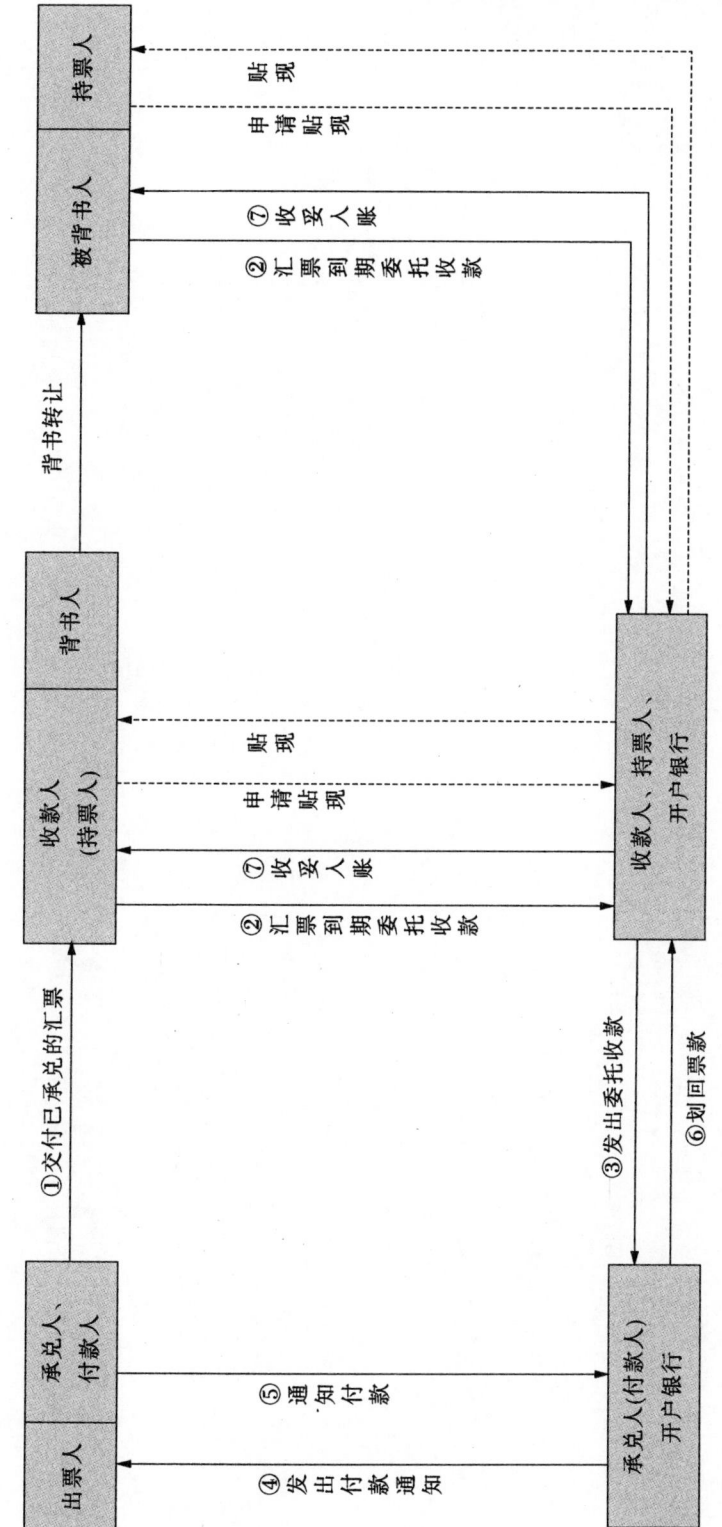

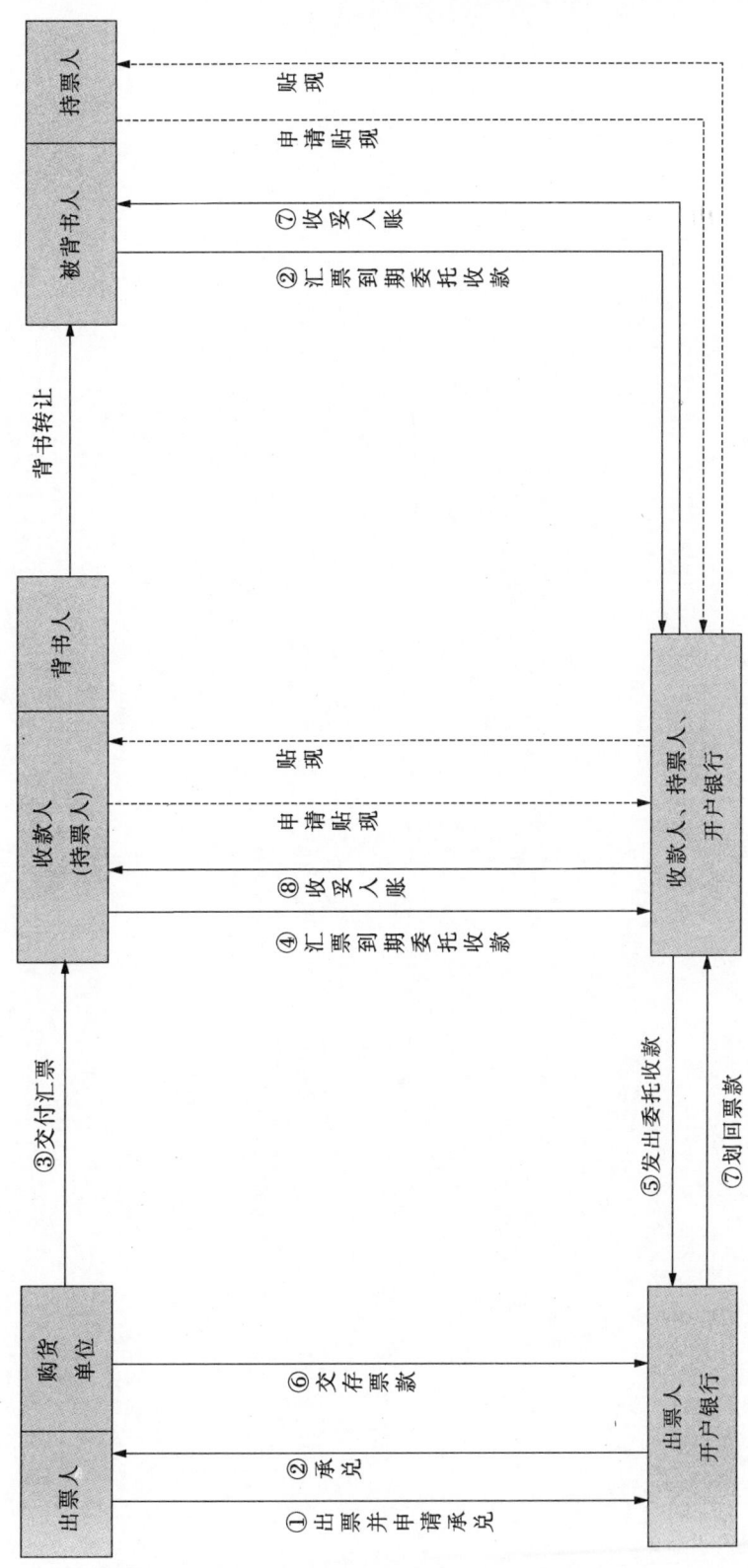

附录 11 银行本票流转程序图

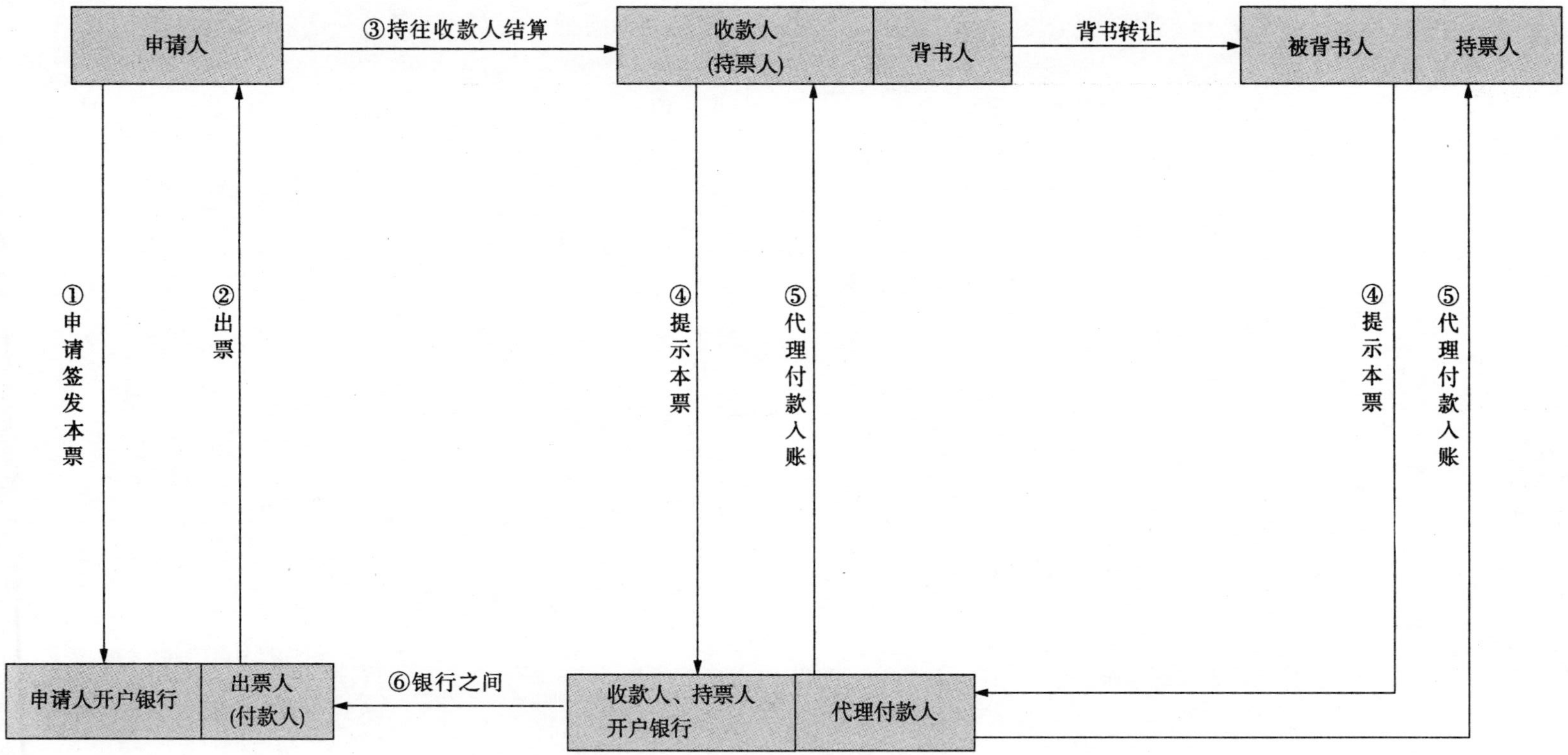

附录12 支票流转程序图

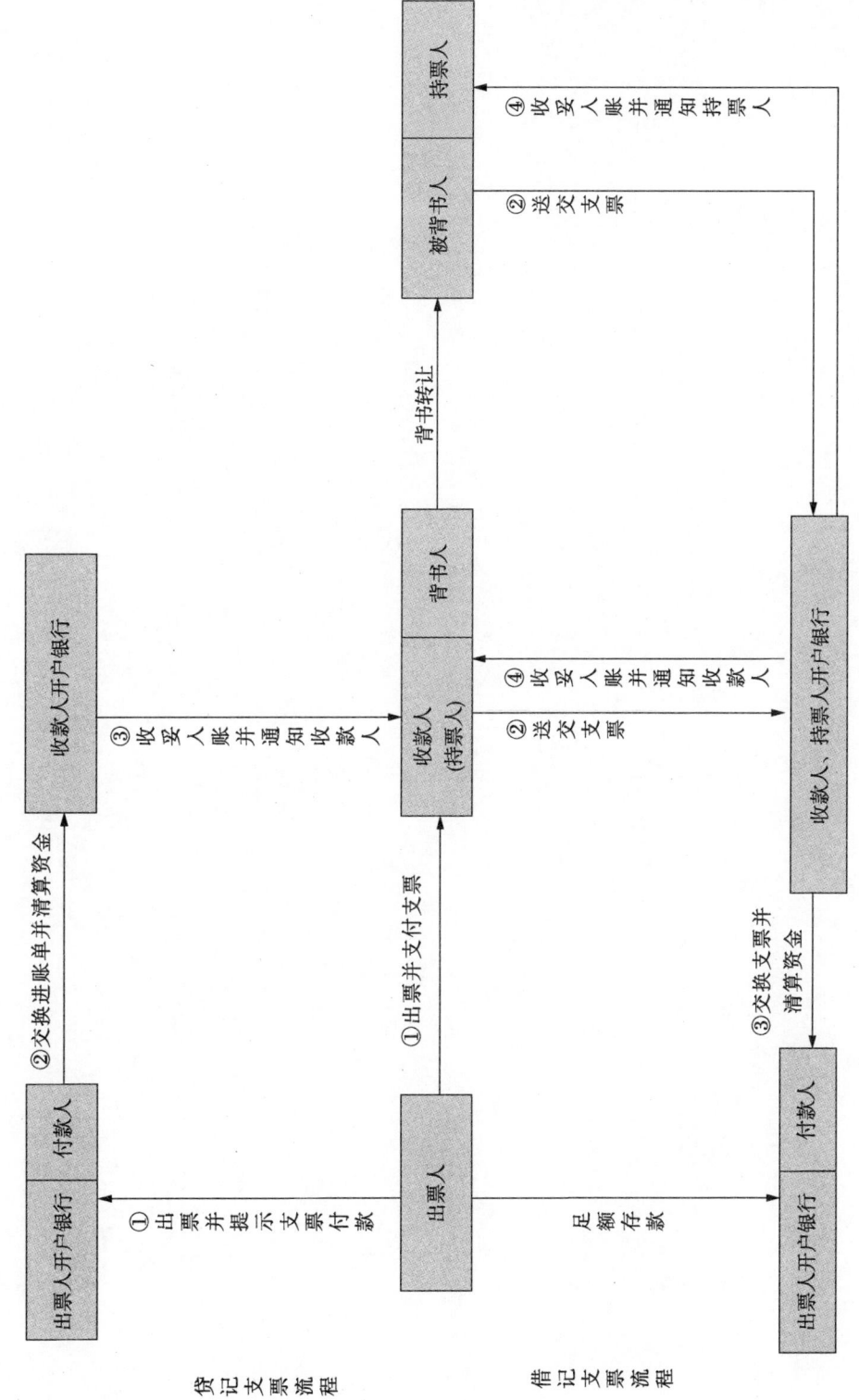